ひとりぼっちのいない教会

カート・ジョンソン 著
根本愛一 訳

見直したい
小グループ
という器

Successful Small Groups from Theory to Service

by

Kurt W. Johnson

Originally published in English under the title
Successful Small Groups from Theory to Service
Review and Herald Publishing Association
Hagerstown, MD 21741-1119 U.S.A.

発行の言葉

キリストの再臨を心から待ち望むセブンスデー・アドベンチスト教会は、「御国のこの福音はあらゆる民への証しとして、全世界に宣べ伝えられる。それから、終わりが来る」（マタイ二四ノ一四）という聖句を信じ、伝道に焦点を当ててきました。近年世界的に注目されているのが、知人友人に対する関係伝道であり、小グループの集いです。

本書は、聖書やあかしの書《ふみ》を土台とした小グループの理論、そして著者の経験を踏まえた実践について記されています。邦題『ひとりぼっちのいない教会』は、第3章に記されている居場所がなかったがゆえに教会を去ったある信徒の体験談が基になっています。教会における信徒の受け皿として、また求道者が神と出会い、信仰の友を作る場として小グループは大きな役割を担っています。

日本で小グループについて紹介されるのは本書が初めてという訳ではありません。すでに小グループについて学び、試された読者も多いことでしょう。大きな恵みに与《あずか》っている小グループもあれば、現在は続いていない教会もあるかもしれません。今一度、小グループの聖書的、そして現代的意義について再確認したいという思いが副題である「見直したい小グループという器」に込められています。本書を通して、一つでも多くの小グループが始まり、伝道が進展するきっかけになることを願っています。

編集長　柴田俊生

目次

第2部　小グループの指導者

第3部　さらに深く

はじめに

聖霊の力によって

本書は小グループを通して神への信仰と聖書を人々に分かち合うためのものです。本書の中では小グループをどのように組織し、どのように導くかなどの方法を一緒に考えます。ただし最初に断っておきますが、どのような方法や訓練も、そこに聖霊の導きを求める心がなければ無意味になってしまいます。人を変えるのは神の力であって、あなたや小グループの力ではありません。

良い方法論や指導法はとても重要ですし、絶対に必要ですが、それらが日々の聖書の学びや絶え間ない祈りによる聖霊の満たしに代わることは決してありません。実際、高等な訓練を受けながら聖霊を拒む人より、何の訓練も受けたことがなくても聖霊に満たされている人の方がよほど大きな力を発揮し、大きな実りを得ることができます。

それでも訓練や方法論を学び、教えるべきでしょうか？　当然です！　聖書や預言の賜物も人々の魂を得るために必要な訓練の大切さを教えています。エレン・ホワイトは次のように述べています。

「私たちは毎年のキャンプ・ミーティングで、そこに集う人々に日々の生活の場で福音の働きをするために必要な訓練を教える機会を見逃してはならない。全ての人に同じ教えを与えるのではなく、違う働きのための別々の教育や訓練を与えることは有益である。ある人には聖書の読み方と小グループの持ち方を、ある人には健康と節制の原則を、また病人への接し方を、ある人は文書による伝道に興味を持つかもしれない」[1]

何よりも重要なのは聖霊の満たしを求めることです。イエスは弟子たちに次のように語られました。「ヨハネは水で洗礼《バプテスマ》を授けたが、あなたがたは間もなく聖霊による洗礼《バプテスマ》を授けられるからである。……父が御自分の権威をもってお定めになった時や時期は、あなたがたの知るところではない。あなたがたの上に聖霊が降ると、あなたがたは力を受ける。そして、エルサレムばかりでなく、ユダヤとサマリアの全土で、また、地の果てに至るまで、わたしの証人となる」（使徒言行録一ノ五〜八）。

「救い主は、たとえどんなに筋が通っていても、議論をもってしては固い心を溶かしたり、世俗と私欲のからを破ることはできないことを知っておられた。また、弟子たちが天来の賜物を受けなければならないことを知っておられた。また、道であり、真理であり、いのちである方を本当に知ることによって暖められた心と雄弁にされた唇から伝えるときに、福音は、はじめて効果をあらわすこともご存じであった」[2]

本書を読み、小グループを通してイエス・キリストについて分かち合う伝道をしたいと望むなら、是非とも日毎に、そしてどんなときでもイエス・キリストとつながることを求めてください。毎日、自分の魂が聖霊に満たされ、キリストに似る者に変えられ、人々をキリストへ導くために用いられるように願い求めましょう。

序論

私の小グループ体験

私の小グループの体験はワラワラ大学時代に始まりました。その頃私は学外奉仕活動の責任を持っていましたが、当時はヒッピー、ジーザス運動、長髪、ビーズの髪飾り、ピース、反戦など、社会の価値観や制度に縛られることを否定するような風潮が強い時代でした。そこで私たちはギターとチラシを持って近くの公園に向かいました。計画は簡単で、公園にたむろする若者にチラシを配り、野外ステージで一時間後に持たれるコンサートと討論会への参加を呼びかけるというものです。プログラムの開始時間が来ると、皆がよく知っているプレイズ・ソングを歌い、私と友人が討論の内容について短く話して討論会に入ります。若者たちは思い思いに芝生に陣取って幾つかのグループに分かれています。

私たちは討論のために幾つかの質問を用意しました。それらの質問はまず「私の……」というところから社会や文化へ……。しかしこれはあくまでも導入部で、イエスや福音について論じ合う価値があるかを考えるきっかけを与えるためです。さらに「預言の声」や「聖所研究の助け」などのチラシを用意し、好きに持っていけるようにしました。

大学の最終学年になると、私の小グループへの関わりは以前よりも本格的になってきました。その頃、私はネブラスカ州のリンカーンで持たれる大学生による証しの集会に参加するために、マックスウェル教授や小グループの指導者、仲間と飛行機で向かいました。会場に着くと、青年伝道責任者のジェリー・ブラス牧師はじめ多くの指導者たちから初めて正式な小グループについての訓練を受けました。

大学での経験は私のその後の人生を通しての小グループの働きへと導いてくれました。小グループといってもさまざまな場面設定があります。祈りの組、家庭集会、聖所研究グループ、健康についての学びのグループ、ネットで離れている人々をつないで学びをするグループなど……。私の初期の牧会生活は小グループ活動そのものでした。なぜなら私が配属されたのは地方にある少人数の教会だったので、自然に小グループの経験を積み重ねることになりました。

オレゴン教区で安息日学校、個人伝道の責任者だったときには小グループについての戦略を中心に検討するチームの一員でもありました。オレゴン・カンファレンスのそのチームは教会員が家族や友人たちと結びつきやすくするために、小グループのトレーニング・コース、セミナーなどさまざまな方法を提供しました。

私たちがこの働きをしていたときには教区内に八〇〇以上の小グループが誕生しました。これらのグループは「希望の家」と名づけられ、人々の家の台所のテーブルを囲んだり、仕事場で集まったり、葬儀場で集う小グループもありました。

私たちの教区チームの活動はやがて北アメリカ支部の小グループと祈りの協議会の誕生のきっかけと

なり、全世界から参加者が集うようになりました。牧師や教会役員が小グループ伝道によりよく備えるために一週間のあいだ共に祈り、賛美し、ワークショップに参加し、議論を交わしたりしました。

さらに私はボルネオの小さな村からオーストラリア、シベリアをはじめ世界各国、全米に至るさまざまな社会文化のなかで小グループを紹介し、教える機会が与えられました。一方で小グループに関する書物や聖書研究ガイドの執筆にも参加させてもらいました。それらから小グループは生き様であり、戦略や方法ではないということを学びました。

時代の移り変わりに伴い、小グループの戦略や方法も変化してきています。そこで私は小グループの方法や戦略を拡大して社会の変化に適合するようにしました。そのためにこの本を書いたのです。社会が流動的であり、そこにいる人々にアプローチするためには小グループの伝道方法も柔軟性が必要ですが、聖書的な原則は変わることはありません。小グループの基本課題も決して変わることはありません。しかし人々へのアプローチの方法、原則などの提示方法は絶えず変化しています。私は皆さんの伝道の働きに神様のみ旨が行われるように祈っています。もしあなたが心から主の福音を人々と分かち合うなら、神はあなたが驚くような何かを用意しておられます。

それでは始めましょう

この本は小グループ伝道に飛び込むために必要な「やる気を起こす」「備える」「仕える」という三つの柱

で構成されています。

第一部　小グループの基本

小グループの組織、指導に必要な基本の手引き。小グループをすぐにでも始めたいなら、第一部をしっかりと読み、理解することを勧める。

第二部　小グループの指導者

献身し、よく備えたリーダーは小グループ成功の基本である。この事実はどこにおいても同じである。神の伝道への御心に基礎を置いた伝道のためには、しっかりとした指導者が必要である。そのためにどうすべきかを探る。

第三部　深く掘り下げる

人はそれぞれに違っている。ある人は小グループ伝道の背景や聖書的な理由などを調べて学ぶよりも、任務を果たすことを優先する。ある人は、神が何と教えているか？　小グループを機能させるための方法は？その理由は？　アドベンチストの歴史や先駆者たちが果たした役割は？　などを知ろうとする。第三部は聖書に見られる小グループ伝道、小グループに関わる物語などを紹介する。

三部の全て、または一部だけを読むのでも構いません。どのように読むにしても必ず祈り、聖書を読み、神に全てを委ねながら読むことを忘れないでください。そうすれば聖霊に満たされた歩みを体験することでしょう。本書を読み進むと、もしかしたら気後れして不安になるかもしれません。しかし献身するならば、神様はあなたを用いて福音の良き知らせを広められます。

神はあなたを頼りにしています。神はあなたに賜物を与えようとされています。神はあなたを備えてくださいます。神は聖霊であなたを満たしてくださいます。神は全能の力であなたを支えられます。神には間違いがありません。ですから謙虚に身をかがめて神を信じましょう。あなたは主によって周りの人々を主の御国に備えさせる器になるのです。

それではいよいよ出発です！

カート・ジョンソン（牧会学博士）

第1部　小グループの基本

第1章　炎に触れる

私は四歳で〝炎〟の力を発見しました。その日、私はリビングルームに一人きりだったので、部屋中のあれこれを探索していました。そして遂に父親の椅子の陰に電気のコンセントを発見しました。このコンセントは他と違う形をしていたので、とても興味を惹《ひ》かれたのです。ランプなどに使っているコンセントは比較的小さいのですが、このコンセントは大きくて部屋に一つしかなく、冬の暖房器具のためだったのです。しかし四歳の私にはただの好奇心しかありません。

「どうしてこのコンセントは他のより大きいんだろう？　なぜ三つの穴が空《あ》いているんだろう？　なぜ三つの穴は違う方向に向いているんだろう？」

そこで指で穴をなぞりながら調査を始めました。そうすると運良く近くにヘアピンが落ちていたのです。そこで早速そのヘアピンを拾い上げると、穴の中に突っ込みました。それからの数秒間のことは今に至るまで私の心にしっかりと刻み込まれています。

大爆発！　次に激しい火花が穴から吹き出ると同時に私の体は床に吹き飛ばされ、目の前の景色が変にゆがみ、手は真っ黒になっています。

音に驚いた母が何事かと部屋に飛び込んできて、唖然とする間もなく私を抱きかかえました。そのあとのことは記憶が飛んでしまっています。その日、私は炎に触れ、炎の力を体感したのです。

ところで、聖書にも炎について書いています。

「突然、激しい風が吹いて来るような音が天から聞こえ、彼らが座っていた家中に響いた。そして、炎のような舌が分かれ分かれに現れ、一人一人の上にとどまった。すると、一同は聖霊に満たされ、〝霊〟が語らせるままに、ほかの国々の言葉で話しだした」（使徒言行録二ノ二〜四）。

私は聖書の中でもペンテコステとその後の四章のお話が好きです。そこには聖霊が人生のすべてを満たしたときに何が起こるかが描かれています。使徒言行録四章ではペトロとヨハネは説教を行い、聖書を教えています。しかし当時の指導者である議員、長老、律法学者などは使徒たちの説教を聞いてとても動揺してしまいました。民衆が使徒の説教を熱心に受け入れたので、彼らはいらだってしまったのです。そこで「大祭司アンナスとカイアファとヨハネとアレクサンドロと大祭司一族が集まった。そして、使徒たちを真ん中に立たせて、『お前たちは何の権威によって、だれの名によってああいうことをしたのか』と尋問した」（同六、七節）のです。ペトロは堂々と証しをしたのでしょう。一三節にその結果が記されています。「議員や他の者たちは、ペトロとヨハネの大胆な態度を見、しかも二人が無学な普通の人であることを知って驚き、また、イエスと一緒にいた者であるということも分かった」

それでもなお指導者たちは二人を脅し、語ることを止めるように命令しましたが、二人は次のように答えています。「わたしたちは、見たことや聞いたことを話さないではいられないのです」（同二〇節）。

ペトロとヨハネは脅しにひるむことなく仲間のクリスチャンとの祈り、宣教の働きを止めることはありませんでした。そこでの祈りが記録されています。

「主よ、今こそ彼らの脅しに目を留め、あなたの僕たちが、思い切って大胆に御言葉を語ることができるようにしてください。どうか、御手を伸ばし聖なる僕イエスの名によって、病気がいやされ、しるしと不思議な業が行われるようにしてください」（同二九、三〇節）。

私はこの祈りが終わった後の出来事にいつも励まされます。

「祈りが終わると、一同の集まっていた場所が揺れ動き、皆、聖霊に満たされて、大胆に神の言葉を語りだした」（同三一節）。

この弟子たちは按手礼《あんしゅ》を受けている牧師ではありません。彼らは漁師であり、取税人であり、労働者でした。言い換えるなら私たちと同じ、ごく普通の人間だったのです。彼らはイエスを愛し、人々に主について語りたいと願っていました。彼らはそうすることに恐れや不安を感じ、確信を持てずにいました。ですから一時は権力者たちから隠れるために部屋にこもっていたこともありました。しかし彼らは祈りによって聖霊にすべてを委ね、神の大いなる働きに用いられることを受け入れたのです。

神はあなたを弟子たちと同じように用いたいと望んでおられます。主は小グループを用いてのビジョン（神のご計画、展望、夢）をあなたに与えようとされています。弟子たちは聖霊の働きの一部となったのです。神は弟子たちの心に宣教のビジョンを与えられました。ペンテコステの後の彼らの思いはただ一つ、「神が行けと命じられるところにはどこにでも！　神が命じられることは何でもその通りにする！」ことだけでした。オズワルド・チェンバーは『いと高き方のもとに』の中で、宣教の将来へのビジョンを次のように描写しています。

「神は私たちにビジョンを与える。私たちがそのビジョンにふさわしい者に変えられるようにと神は私を谷底へと連れて行く。しかし多くの者は谷底で絶望し、あきらめてしまうが、もし耐え忍ぶならそのビジョンは実現されるだろう」[1]

おわかりのように、ビジョンは私たちの歩みに、私たちの歩みの中に働きかけてくるものであって、私たち自身の働きによって得られるものではありません。今まで誰も自分の力でビジョンを実現した人はいません。私たちはそれを遂行される神に委ね続けるだけです。ビジョンとは召しであり、どうしてもそれを実現したいという抑えがたい情熱です。よく「ビジョンを持て！」「ビジョンを捕まえろ！」と言いますが、神のビジョンはそのようなものではありません。ビジョンによってあなたが捕らえられてしまうのです。[2]

ビジョンは私たちを変えます。ビジョンに捕らえられた人は、もう同じところに留まることはできません。神に変えられた人にとって自分自身のビジョンはあまり重要ではなくなり、神のビジョンにふさわしい者へと変えられることを望むようになるのです。神のビジョンの一部になるには犠牲が伴います。家族、友人、家、そして自由さえも犠牲にしなければならないかもしれません。

もしビジョンが明確ではなく、しかも神のビジョンにふさわしい者として充分に変えられていないときには、神のビジョンに従うために多大の犠牲を払っているように感じてしまいます。もしビジョンが砂の上に建てられているなら、困難に直面すると、さっさとそこから逃げ出してしまうでしょう。[3]

しかし神が介入してくださるなら、神は次のように言っておられます。「『また、わたしがお前たちの中に霊を吹き込むと、お前たちは生きる。わたしはお前たちを自分の土地に住まわせる。そのとき、お前たちは主であるわたしがこれを語り、行ったことを知るようになる』と主は言われる」（エゼキエル三七ノ一四）。神が主導権を持ってくださるのです。神はご自分の協力者として教会に、そして私たちにビジョンを持っておられます。

神は言われます。「友人、隣人、仕事仲間のところに行きなさい。人間をとる漁師にしてあげよう。わたしはあなたの口を通して大胆に語ろう。世界の果てまで行きなさい！」。これが小グループの始まりです。まだ神を知らない人々を招き入れる第一歩です。次にどのような手順をたどるのかを学びます。

さて、心の備えはいいですか？

第2章　準備ができていてもいなくても、私はここにいます

私は四一歳になって初めてスキーを習いました。オレゴンのスキー場で一〇歳の子どもたちに混じってのクラスです。まず口頭による説明があり、出されたクイズなど誰にも負けません。スキーをはくまでは……。雪の上にスキーで立つと、自分は何もしていないのに誰かがちょっとぶつかってくるだけでスキーは勝手に動き出し、子どもたちを次々と巻き込んでしまいました。

どうも私は一〇歳のクラスには歓迎されないようで、インストラクターは私をすぐに年長者クラスの方に移してしまいました。年長者クラスのインストラクターのピーターは新参者の私にひと滑りさせ、それからすぐリフトに乗せられて山の上まで連れて行かれました。

それは中級者用コースで、上からコースをのぞいた時のことを思い出すと、今でも背中がゾクゾクします。ピーターは幾つかの注意点を教えると、躊躇《ちゅうちょ》する私たちなどに構わないかのように、「滑り降りよう！　やればできる！」とスタートしてしまいました。私たちクラス仲間はお互いに離れないように気遣い、転べば助け合いながら何とか下まで滑り降りることができました。全員合格です。みんな一緒

に次のクラスへ進めます。
私のスキークラス――ピーターも含めて――が小グループそのものです。一〇歳クラスに転びながらも入った時に私は、「準備ができている、できていないに関わらず、今ここに立っている」と心の中でささやいていました。その後、私が年長者クラスに移って一〇歳クラスの子どもたちは安心したことでしょう。

日々の歩みもそんな感じでしょう。私たちは日々出会うすべての人々と仲良しになるわけではなく、少しずつ人と折り合う術を学んでいきます。聖書には「兄弟よりも愛し、親密になる人もある」(箴言一八ノ二四)と述べています。

元々は、今もそうですが、神は私たちが主に似た者として生きるようにとご計画されました。主は私たちが愛し合い、受け入れ合い、赦し合うように望んでおられます。ときには失敗することもありませんか？　邪魔する人に文句を言ったり、家族に怒鳴りちらしたりすることさえあるかもしれません。特に疲れ切っていたり、不機嫌なときには「キリストのように」などということを忘れがちです。

神は「我々にかたどり、我々に似せて、人を造ろう」(創世記一ノ二六)と言われてアダムとエバを創造されました。神は「小さい神を造ろう」とは言われませんでした。大切なのは「我々にかたどり」という言葉でしょう。これは私たちが主と同じような形の体を持っているということだけではなく、主のように生き、主に接するようにお互いに接するということです。

人類は神のご計画に従うのが苦手です。神と私たちを比較すれば明らかです。聖書は神を次のように描写しています。公平、正義、寛容、愛、赦《ゆる》し、思いやり、人の必要を満たす、癒《いや》し、人のために死をもいとわない、私たちと永遠に共におられるお方……。

聖書の登場人物も私たち同様にもがいています。カインは兄弟を殺しています。モーセとアロン、ミリアムは兄弟喧嘩《げんか》をしました。ヨブの友人たちはヨブを苦しめています。ヤコブは兄を欺きました。ダビデは不倫をしました。イエスの弟子たちは地位を巡って口論し、富める青年は金に固執しています。ヤコブとヨハネは町を焼き滅ぼしたいと言い、パウロとバルナバ、マルコはあまり仲良くできませんでした。聖書には似たような人物がまだたくさんいます。

それにも関わらず神は私たちをあきらめませんでした。イエスは昇天する前に私たちが「一つとなるため」（ヨハネ一七ノ一一）、神に熱心に祈ってくださいました。さらに祈りは続き、後半では、「父よ、あなたがわたしの内におられ、わたしがあなたの内にいるように、すべての人を一つにしてください。彼らもわたしたちの内にいるようにしてください。そうすれば、世は、あなたがわたしをお遣わしになったことを、信じるようになります」（同二一節）と祈ってくださいました。

一つになる

イエスが祈られた「一つになる」とは何でしょう？　これは統一する、満場一致にする、組織の統合などのことではありません。それよりも人間関係における一致のことです。イエスと父なる神は一つとなって働いておられます。イエスは続けて次のように祈られました。「わたしに対するあなたの愛が彼らの内にあり、わたしも彼らの内にいるようになるためです」（ヨハネ一七ノ二六）。

人と人を隔てる壁を打ち壊すのがイエスの言われた愛です。イエスが祈られたように、もし愛による一致を示すことができるなら、人々やこの世はキリスト、クリスチャンが本物であると納得するでしょう。主には一切の偽りがありません。これはとても重要なことです。反面、人はすぐに分裂を起こし、好き勝手をする存在です。クリスチャンであっても一致できるのは神の力によるのであって、人の力によるのではありません。[1]

イエスは祈りを通して、私たちが神の愛によって一致できると示されているのです。イエスご自身、三年間にわたって一致の模範として弟子たちや人々と過ごされました。主は普通なら交わることのないさまざまな階層の人々の間で生涯を過ごされました。なぜなら主はそのような人々でさえ一つになれると固く信じておられたからです。

イエスはこの地上での働きがまもなく十字架上で終わろうとしているときに、一つになる祈りを捧げられました。もしこの祈りを捧げず、昇天の直前になって弟子たちに、「最後に何を祈ってほしいか?」と尋ねたら、弟子たちは一つになることは求めず、「ローマをやっつけてほしい！　新しい船がほしい！引退施設を建ててほしい！」などと求めたことでしょう。[2]

一つになることを求めたイエスの祈りは、十二弟子にだけ向けられたのではありません。全てのクリスチャンのための祈りです。もう一度イエスの祈りに耳を傾けてみましょう。

「また、彼らのためだけでなく、彼らの言葉によってわたしを信じる人々のためにも、お願いします。父よ、あなたがわたしの内におられ、わたしがあなたの内にいるように、すべての人を一つにしてください。彼らもわたしたちの内にいるようにしてください。そうすれば、世は、あなたがわたしをお遣わしになったことを、信じるようになります」（同二〇、二一節）。

属する

イエスは一つになることをとても大切にしました。なぜなら私たちが一つになるということは、私たちは主に属する者になることだからです。それこそがこの地球に生まれた全ての人々に対する主のご計画なのです。

人にとって最も基本的な欲求の一つが「属する」ことです。私たちは教会を魅力的なところにしようと努力しますが、そこに属するということがなければ無意味です。プロジェクターを使って説教を興味深くしたり、説教壇にスポットライトを当てたり、ソングリーダーが礼拝を導いたり、会衆の興味を引くようにあれこれ演出をします。勿論、さまざまな方法を用いて人々に主を伝えることも必要でしょう。しかしながらどのような演出やテクノロジーでもある一つのことに置き換えることはできません。それは自分がこの教会に属していると知ることです。人々を教会に招き入れるために目を見張るような素晴らしい礼拝を計画することもできるでしょう。しかし招かれた人がその教会に受け入れられていないと感じたら、もう帰ってくることはないでしょう。しかしどんな小さい教会であっても来た人を心から迎え入れ、その人が自分は心から迎え入れられていると知ったら、その人は教会にもう一度行きたくなるでしょう。

教会に属しているというのは、全員が揃《そろ》って完全だと感じる、言い換えるなら、もし中の誰か一人でもいなければ何か欠けていると感じる集まりだと言えるでしょう。これこそが小グループの簡潔な定義そのものです。小グループは真の友となる集いで、共に悲しみ、共に喜び、共に祝い、共に苦しむグループです。友とは、お互いのために祈り、必要なら叱責することをためらわず、互いに責任を負い、共に笑い合い、何があろうとも相手を思い、相手の過去にとらわれることもありません。そして何よりも神の慈しみによって、共に「イエスにお目にかかりたいのです」（ヨハネ一二ノ二一）と望み、そのために励まし合うのです。

私たちがそれぞれにイエスと一つになるなら、お互いに一つになることができます。聖書には互いに一つになった人生の歩みがどのようなものかが書かれています。ある人はそれらの聖句を「お互いに……の聖句」と呼んでいます。聖書には少なくとも五〇以上の聖句がありますが、その幾つかを見てみましょう。

＊「主にいやしていただくために、罪を告白し合い、互いのために祈りなさい」（ヤコブ五ノ一六）。
＊「愛によって互いに仕えなさい」（ガラテヤ五ノ一三）。
＊「互いに重荷を担いなさい。そのようにしてこそ、キリストの律法を全うすることになるのです」（ガラテヤ六ノ二）。
＊「互いに親切にし、憐れみの心で接し、神がキリストによってあなたがたを赦してくださったように、赦し合いなさい」（エフェソ四ノ三二）。
＊「互いに忍び合い、責めるべきことがあっても、赦し合いなさい。主があなたがたを赦してくださったように、あなたがたも同じようにしなさい」（コロサイ三ノ一三）。

これらの聖句を読めば明らかですが、一つになるには奮い立たせるような礼拝や楽しい食事だけでは十分ではありません。少なくともシェリルにとって十分ではなかったのです。理由を次の章で見てみましょう。

第3章　シェリルがいなくなっても気づかない

彼女の言葉が繰り返し思い起こされます。「どうも私には合わないわ!」「ここに私は属しているのかしら!」「皆、一生懸命気にかけてくれているんだろうけど、やっぱりうまくいかないの!」

彼女は一年くらい教会に来ていましたが、結局これらの言葉を残して教会を去ってしまいました。彼女が去った理由は、教理や教えへの疑問でもなく、親族からのプレッシャーでもありませんでした。ただ教会に属することができなかったのです。

シェリルがバプテスマを受けた日のことを今でも覚えています。彼女は教会での講演会、聖書研究会などに参加していました。その間、教会員のアリスが一生懸命に面倒を見ていました。教会のいろいろなプログラムや交わりのときもアリスは二二歳のシェリルが一人にならないように教会員に紹介してまわり、同年代の集まりにも連れていきました。教会員は皆優しく彼女に接していましたが、親しく交わるまでにはならなかったのです。教会以外での交わりにシェリルが招かれることもありませんでした。そんなことが重なり、シェリルは徐々に自分の居場所はここではないと感じ始めていました。それからかなり時が経ってからある人が思い出したように、「最近、シェリルを見ないけど、どうしてるか知ってる?」と聞いていました。

居場所

シェリルが求めていたのは人間関係――居場所です。これを少し堅苦しく言うと、コミュニティーとなります。コミュニティーには地理的要素（近隣／都市など）、社会学的要素（親戚、人脈など）、政治的要素（国家、県、地方など）、場合によっては支援グループ（禁酒禁煙など）も含まれています。

シェリルには小グループが必要でした。コミュニティーとは同じ目標を持つ人たちの集まりで、目標に到達するためにお互いに助け合い、支え合います。もっと基本的なことを言うならば、肉体的・社会的・精神的・霊的に健康であるために、仲間と神が必要なのです。小グループはそれを提供するのに最も適した方法の一つではないでしょうか。

正しく教会を機能させるためには計画的なコミュニティーが必要です。簡潔に言うならば、クリスチャンのコミュニティーとは、人との関係においてイエスに似た者として、思いやり、受け入れ合い、赦し合い、理解し合い、忍耐し合うということです。それは喜びのとき、困難なときに関わらずお互いにそうあるのです。

我が家の隣に住むサムが感謝祭のときにコミュニティーを実践してくれました。私は夏の終わりになると、庭の水やりのために敷設したパイプの水抜きをします。そうしないと冬の間にパイプの中の水が凍り、パイプが破裂してしまうからです。

ところが昨年の感謝祭のことです。パイプの水抜きをすっかり忘れたまま、私たちは七時間もドライブして息子の家に行ってしまいました。ところがその夜の急な寒波でパイプが破裂してしまい、翌日に日が昇ると、そこから水がすごい勢いで吹き出したのです。私は数日間、息子の家に滞在する予定でしたから、そのままだったらそこいらじゅうが水浸しになったはずです。

そんなときに隣のサムが異変に気づいて、大急ぎで水の元栓を止めてくれたのです。彼がしてくれたのがこれだけだったとしても、私はとても感謝したことでしょう。ところが彼は壊れた部分のパイプを取り替えるために、すぐに近くのホームセンターに行って部品を買っただけではなく、壊れたパイプを掘り起こして修理までしてくれたのです。家に戻った私がサムに感謝の言葉を述べようとすると、彼は一言、「気にしない、気にしない！　友だちなら当然だろう！」

これこそコミュニティーの実践です。神は私たちに信仰によってこのように生きることを望んでおられます。神ご自身が具体的に示しておられます。父なる神、御子キリスト、聖霊は一つとなって協力し、愛し合い、お互いの働きを助け合っています。三位一体の神は自分たちの愛を現すために人間が自分たちと同じような関係を体験できるように創造されました。

この世を創造されたときに、次のように言われました。「我々にかたどり、我々に似せて、人を造ろう」（創世記一ノ二六）。引き続き次のように言っておられます。「主なる神は言われた。『人が独りでいるのは良くない。彼に合う助ける者を造ろう』」（同二ノ一八）。神は人間関係の中で共同体を見いだすように望んでおられます。神は男と女が互いに肯定的で、支え合う関係を持つように造られました。ですから神と調和せず、人とも調和しないのは不自然なのです。結婚、独身にかかわらず、全ての人はお互いを必要としており、神を必要としています。

神は私たちが属するように造られました。人々は居場所を探し求めています。神の子どもとしてその必要に応えましょう（参照ヨハネ一七ノ二〇～二三）。

一人対この世

多くのクリスチャンが昔のテレビの主人公のような生き方をしています。正義の味方はいつも窮地の場面で登場して難問を解決します。誰もその正義の味方が何者で、何をしているのか知りません。彼自身、誰の助けも必要としているようには見えず、一人で困難に立ち向かっています。誰かに危険が及びそうになると、どこからともなく現れ、夕日のかなたに颯爽《さっそう》と消えていきます。

こんなクリスチャンもいます。週日はどこにいるかわかりませんが、安息日には現れます。週日は仕事、家事、趣味、気の合った仲間などに忙しくしているのでしょう。本当にまれに祈祷会や聖書研究会、伝道集会に出てくるくらいです。でも教会で何か急な助けが必要になれば出てきて手伝いますが、それが終われば元の場所に戻っていってしまいます。

他から分離して歩もうとするのは、共に生きるようにとの神のご計画から大きく外れてしまいます。

第一コリント一二章でパウロは教会を人体に例えて、肢体は各部が違う機能を持つように、教会に属する一人ひとりはそれぞれに違った役割を持っていると書いています。それぞれの違う才能、賜物がお互いに必要です。もし体の一部が怪我《けが》をすると全身が苦痛を感じるように、教会でも一人が欠ければ全体が影響を受けます。

私たちがキリストのうちに成長するように最も促されるのはコミュニティーにおいてです。私たちはコミュニティーにおいてそれぞれの特質が失われるのではなく、コミュニティーの中で見いだせるのです。

私たちは神のための働きをお互いが補い合うときにこそ、それぞれの特質が最も生かされ、そのときにこそ一緒にあるべき姿へと成長するのです。それが、神が教会に持っておられるご計画です。

パウロは別の言い方で解説しています。「その一人の方はすべての人のために死んでくださった。その目的は、生きている人たちが、もはや自分自身のために生きるのではなく、自分たちのために死んで復活してくださった方のために生きることなのです」(二コリント五ノ一五)。

もしあなたがキリストとつながるなら、他の人を第一にして自分のことは第二にするようになります。「キリストの宗教は、同胞間に決して離隔の障壁を造るものでなく、人類を神と相互に結合せしむるものです」[1]

これが、教会、クリスチャンのゴールであり、一致と調和のうちに共に歩んでペンテコスにまさる聖霊の後の雨を受け取る備えをするのではないでしょうか？[2]

私は以前に「小グループ内の不一致にどのように対処するか？」という訓練セミナーを持ったことがあります。セミナーの後、あるグループのリーダーのジェニファーが、別のグループ・リーダーのサラの方を指して一つの話をしてくれました。

「サラが最初にこのセミナーに来たときはとても暗く、しかも疲れ果てているように見えた。彼女は誰の目も見ず、うつむいてばかりで、発言してもネガティブなことばかり。しかし小グループで彼女の良いところを少しでも見つけては、このグループに彼女が必要であることを伝え続けた」

ジェニファーは続けて、「さあ、あそこにサラがいます」と教えてくれました。目の先には溌剌《はつらつ》として笑顔で仲間を励ましている輝くばかりの女性が立っていました。サラは自分が受け取ったものを、今では人に分け与えています。彼女は聖霊によって他の人を気遣う者へと変えられたのです。

小グループは思いやりのある教会を作り出す有効な方法ではないでしょうか。

第4章　聖書と小グループ

会堂はあふれんばかりの熱気に満ちています。これほど多くの人が教会のセミナーに参加するとは思いませんでした。セミナーは「人々と信仰を分かち合う！」というタイトルです。参加者は私の話を何も聞き漏らすまいと集中しています。

セミナーの終わりになって質問が出てきました。「新しい小グループの方式は聖書に基づいているのか？　それとも別の本などを参考にした方式か？」。私はその質問を聞きながら、あることに気づきました。それは参加者の一部は家庭での聖書研究を通して聖書を分かち合うという方法を学びたいからではなく、教会員が行う聖書研究という新しい方法を分析しようとセミナーに参加していたのです。彼らは今まで一度としてイエスや聖書を分かち合ったことがありませんでした。

このような小グループの方式は彼らにとって目新しかったかもしれませんが、神やアドベンチストの先駆者たちにとっては何も目新しい方式ではありませんでした。聖書の中に、アドベンチストの歴史の中に、この方式を多く見いだすことができます。後でアドベンチストの歴史にも触れますが、まずは聖書的な小グループ伝道から見ていきましょう。

旧約聖書の本質

小グループの本質は旧約聖書の最初の創世記一ノ一にさかのぼることができます。「初めに、神は天地を創造された」。ヘブライ語でこの節の「神」は複数形で書かれ、複数の神によって創造の業がなされたことを示しています。キリスト教はその複数が、父、子、聖霊であり、一つとなって働いておられると信じており、まさに小グループそのものです。

人が神（三位一体の神）に似たものとして創造（同二七節）された後に、小グループの基となる一つの言葉を語られました。「主なる神は言われた。『人が独りでいるのは良くない。彼に合う助ける者を造ろう』」（同二ノ一八）。男と女は社会的な存在として創造され、共に生きることでより幸せに、実りある生き方を与えられました。新しく生まれた赤ちゃんは健康に成長するためには多くの愛情、世話が必要です。生まれたばかりの神の子どもには、大きな教会であっても小グループだから提供できる栄養があります。創世記二ノ一八は人生が満たされるためには誰もが結婚しなければならないと言っているのではなく、人生にはお互いを必要としていると述べているのです。

調査では人と人の触れ合いは精神的、身体的健康に絶対的に必要だとの明白な結果が出ています。第二次世界大戦の英国で行われた調査で、孤児院で人との触れ合いのない子どもたちは感情が乏しく、十分な栄養が与えられていたにもかかわらず死亡する例が多かったとのことです。

一九四〇年のことです。フリッツ・タルボット医師がドイツのデュッセルドルフの小児クリニックを訪れました。病棟はきっちりと整理されて清潔でしたが、ある光景に目が惹《ひ》かれました。病気の子どもを一人のふくよかな年配の女性が抱いています。タルボット医師は病院のスタッフにその女性が何をしているのか尋ねると、「アンおばあちゃんね！」「この病院で治療し尽くして手立てがなくなったときに、私たちはその子どもをアンおばあちゃんに預けるの。そうすると不思議なことに、駄目だと思われていた子どもが回復するの」

ある孤児院ではこれらの出来事に基づいて、それまでのやり方を全く変えました。またニューヨークにあるベラビュー病院は新しい方針を導入しました。入院中の子どもは一日に数回以上抱いてスキンシップを必ず行うこと。それ以来、乳児の死亡率が急激に一〇％以下に減少したのです。人は触れ合いを必要としているのです。[1]

私たちはどうしてお互いを必要とするのでしょうか。それが神のご計画だからです。神が最初にエデンの園で男と女を創造され、神ご自身を含む小さなコミュニティーを作られ、共に時を過ごされました（創世記三ノ八）。そして男と女に仕事として園の管理を与えました（同二ノ一五）。さらに「産めよ、増えよ、地に満ちて地を従わせよ」（同一ノ二八）と命じられました。

グループの基本的な原則をいくつか見てきました。小グループは少なくとも三人以上の集まりで、二人は人で、もう一人は神です。彼らは一緒に話し合い、一緒に活動します。さらに他の人もそこに加わるように働きかけ、共に社会的にも霊的も成長を促します。

最初に創造されたアダムとエバも子どもをもうけ、やがて全人類の祖となりました。しかし罪によってコミュニティーの調和は崩れてしまいました。その最初の例がカインとアベルでしょう。またバベルの塔にもその結果を見ることができます。しかし神は調和を元に戻す道をイエス・キリストによって提供してくださいました。この解決方法を伝えようとしておられる神のご計画の一部として私たちも召されているのです。

神、モーセ、イテロ

神はイスラエルの民を大・中・小に組織するようにご計画されました。国はさまざまな大きさのグループが寄り集まって成立しています。イスラエルはまず部族に分かれ、部族は氏族に、そして家族に分かれて成り立っていました。霊的イスラエルである今日の神の教会もふさわしい指導者を立て、働きに必要な部門を作り、それを組織する必要があります。もし教会がこの組織作りをおろそかにするなら、伝道にとってマイナスとなります。

旧約聖書における組織化の構想はイスラエルがまだ荒野をさまよっている間にモーセの義父イテロの助言がきっかけとなりました。モーセは二〇〇万人の民を率いています。出エジプト記三八ノ二六によると、二十歳以上の男だけで六〇万三五五〇人で、それに女性や子ども、老人を加えると大人数の群れになります。ですからモーセが、「しかし、どうしてひとりであなたたちの重荷、もめ事、争いを負えるだろうか」（申命記一ノ一二）とつぶやくのも無理がありません。どう考えてもこれらの責任をモーセだけで背負うのは無理です。今日でも多くの牧師があまり助けのないままで伝道をしようとしています。しかし教会に来る全ての人の必要を牧師一人で満たすのは不可能です。皆で少しずつでも助け合う必要性の理由がここにあります。

出エジプト記一八ノ二一〜二三によれば、イテロはモーセに、有能で神を畏れ、真実の人で不正を憎む人を人々の上に置き、彼はさらに細かく、民を千人、百人、五十人、十人のグループに分けるように助言しました。これを計算すると、モーセは十人のグループに約六万人、五十人のグループに一万二〇〇〇人、百人のグループに六〇〇〇人、千人のグループに六〇〇人のリーダー、合計七万八〇〇〇人のリーダーを選出することになります。さらにそれぞれのリーダーの職務、責任も明確にする大変な仕事です。しかし神はモーセをイテロの助言に従うように励まされました。しばしば牧師や信徒リーダーは教会の中をそれほどに組織化する必要性はないと考えます。しかしモーセはそうしました。彼が組織したいちばん小さいグループは十人とそのリーダーから成っています。これが本書の主題です。

さてモーセが神のご計画に従って民を組織化し、のちにヨシュアが導いた結果はどうだったでしょう？　彼らはやがて約束の地、カナンに入ることができました。残念なことにイスラエルの民はカナンを完全に征服するという計画を途中で満足して中止してしまい、神から与えられた計画を完成しなかったのです。

教会でも同様のことが見られます。教会が地域に根ざしてそれなりの大きさに成長すると、そこで満足してしまうのです。教会があまりに大きくなりすぎると、自分たちの影が薄くなってしまうと危惧《きぐ》し始め、それ以上大きくならないようにあれこれと言い訳を考え始めます。しかし教会の働きはイエスが再臨されるその日まで続きます。主は出て行って全世界に、全ての言語を用いて、全ての人々に福音を伝えるように命じておられます。私たちは近隣に出て行くだけではなく、福音で満たさなければなりません。その働きのために教会を組織する必要があります。このようにグループによる伝道は神のご計画なのです。

イエスと小グループ

イエスはキリスト教を推進する第一歩として小グループを作られました。マタイ四ノ一八～二二、ルカ六ノ一三～一六には十二弟子の名前が書かれています。彼らは荒削りのために磨かれる必要がありましたが、彼らが最初のクリスチャンになったのです。

「十二」は興味深い数字です。社会学者から聞いたことがありますが、グループが十二人以上になるとそのグループの性格が大きく変わり、大きすぎず小さすぎず丁度よい人数だそうです。ですから小グループが十二人を超えそうになったら、グループを分けた方がよいといわれます。しかしその小グループが停滞するようなら、そのグループの活力が失われています。あるグループではそのような問題が起きたときに他の大きなグループと話し合い、幾つかの小さなグループに分けて解決を図っています。

さて十二弟子の間で興味深いことが見て取れます。イエスは弟子たちの中でも特に親密な弟子がいました。ペトロ、ヤコブ、ヨハネです。ゲッセマネの園にはこの三人だけを連れて行き、自分が祈っている間に一緒に祈るように命じています(マタイ二六章)。変貌《へんぼう》の山のときもそうでした(同一七ノ一～三)。小グループの中でこのようなことがあっても当然です。グループの中でも特に一緒に祈る仲間や、さまざまな活動をそれぞれに支え合う近い仲間がいることによって励まされます。さらに、新しいグループを作るとき、またはグループを分けるときに仲の良い者同士でグループを作るのも決して悪いことではありません。友は支えあって神のための力強い指導力を持ったチームを作ることができます。

以前はどのように小グループを増やすか教えていませんでした。南カリフォルニアで持たれた小グループのトレーニング・セミナーに参加したことがあります。窓の外には美しい砂浜が広がっており、セミナーを抜け出したい誘惑にかられましたが、なんとかセミナーに集中しようと頑張っていました。セミナーでは小グループをどのように分け、新しいグループを始めるかを説明しています。しかし内容は数式のようで、あまり人の血が通っているようには思えませんでした。(1)新しいグループのリーダーにするために副リーダーを訓練する。(2)グループ・リーダーは誰をどのグループに配置するか検討する。（３）そして選んだ人たちが自分たちの考えた通りのグループに属するように仕向ける。当時はこれが正論でしたが、現在では通用しないでしょう。イエスは正しい方法を示しています。新しいグループは聖霊に導かれた人々が自然に形作るものです。

小グループ対大グループ

小グループと大グループとどちらがより重要でしょうか？　小グループと大グループは競い合ってはならないというのが答えです。教会は両方を必要としています。特に宣教では双方が協力して育て、刈り取る働きをしなければなりません。もしバプテスマを受けて間もない人や、イエスを求めている人がいればその人たちをグループに招き入れ、その人の個人的な霊的成長を手助けします。イエスは多くの時間を個人と過ごされました。重い皮膚病のシモンの家を訪れました。主は井戸の所にいた女性と時間を過ごされました。ザアカイの家に泊まりました。聖書には、イエスは人々を慈しむ目で見られたと書いてあります。信仰と行いが分けられないように、小グループと大きなグループを区別して分けることはできません。

イエスは小グループである十二弟子と時間を過ごされました。彼らと関係を築き、諭《さと》し、共に祈り、ご自分の伝道方法を直に教えられました。働きの後に彼らは休むためにその場を離れ、それからまた働きへ戻っていきました（マタイ一四ノ一三～二三、マルコ三ノ七）。四福音書を読んでみると、イエスは大きなグループよりも小グループや一対一と、多くの時間を過ごしています。なぜでしょう？　それは、人は個人が救われるのであって、グループとして救われるのではないからです。

イエスは人を伝統や組織よりも大切にされました。主が望まれるのは人と贖罪《しょくざい》のための関係を築くとです。主は弟子たちに、もし指導者になりたければ、まず人を優先するように教えられました。指導者はまず人に仕える者になる必要があるのです（ルカ二二ノ二四〜三〇）。さらに宗教指導者は自ら天国の原則に沿って生きるのであって、人々を見張るのではないと語られました。主がこれらを、人の外見ではなく内面にあると言われたのです（同一七ノ二〇、二一）。

まず主との正しい関係があれば服従が伴います。教会でなされる全て（小グループも含めて）は人を優先すべきです。教会員は自分の居場所を固定させるためにグループに参加すべきではありません。聖霊がそれぞれの役割を与え、歩みに変化を与えます。教会員はみ言葉に基づいて生き、お互いに祈り、支え合うことを学ばなければなりません。

イエスは小グループを用いて弟子たちに奉仕の訓練をされました。それぞれが持っている疑問や関心事を共有し、経験を通して成長することを可能にするために安全な環境でした。ルカ八章の種まきの譬え話の場面などは良い例でしょう。弟子たちは群衆と一緒に座ってイエスの話に耳を傾けています。群衆が去って弟子たちだけになると、イエスは先ほどの例話から弟子たちに質問をし、その意味を説かれました。このような時間は弟子たちが後々、人々に救い主としてのイエスを伝える働きをするための貴重な宝物となったはずです。小グループも同様の環境を提供しています。自由でくつろいだ環境でお互いに論じ合い、伝道し合い、友人や家族を招き入れ、宣教について学ぶことができます。

イエスは小グループの設定を用いて霊的なことを分かち合う学びだけではなく、リーダーシップのあり方もお示しになりました。弟子たちはお互いに誰が偉いかで争っていました。しかし主は、一人ひとりは違う賜物を受けており、それらを聖霊の導きによって調和させるように説かれました（ルカ二二ノ二四～三〇、マタイ一八ノ一～五）。

イエスは家を中心とした小グループを教会の基礎作り、成長、成功のために大切にされました。実際にイエスは家で伝道されました。「それから、イエスは……家にお入りになった。すると、弟子たちがそばに寄って来た」（マタイ一三ノ三六）。また別の機会に、「さて、あるファリサイ派の人が、一緒に食事をしてほしいと願ったので、イエスはその家に入って食事の席に着かれ」ました（ルカ七ノ三六）。そこでシモンに赦しについて教えておられます。要約するなら、イエスはキリスト教の教会と世界伝道を家から始められたのです。この事実に私たちの教会はもっと目を向けるべきです。

使徒言行録に見る小グループ

イエスが昇天され、弟子たちがペンテコステにおいて聖霊を受けた後、弟子たちはイエスが模範を示された小グループの歩みを始めました。小グループの基礎となるべき土台が使徒言行録二章に書かれており、そのようにした弟子たちは聖霊降下を体験しました。

では、そこに書かれている小グループの土台とはどんなものでしょうか。使徒言行録二章に描かれている霊に満たされた教会の原点を見いだすことができます。この章は霊に満たされた教会とはどんなものかを理解するために読む必要があります。使徒言行録二章の背景をまとめてみます。イエスは弟子たちに次のように語られました。

＊主は天に戻られる（ヨハネ一三ノ三三）。
＊しかし弟子たちを放ってはおかず、聖霊を送る（ヨハネ一四ノ一五〜一八）。
＊聖霊は彼らを助け、イエスが弟子たちに教えたことを思い起こさせ、導き、教える（ヨハネ一四ノ二六）。

イエスは自分が天に戻ることが弟子たちのためになると保証されました。イエスが送ると約束された聖霊は世の罪を断罪し、正しい生き方に導き、イエスのために正しい選択をする助けとなります（ヨハネ一六ノ七〜一五）。

主が天に戻る前に弟子たちに大いなる使命を授けられました。「だから、あなたがたは行って、すべての民をわたしの弟子にしなさい。彼らに父と子と聖霊の名によって洗礼《バプテスマ》を授け、あなたがたに命じておいたことをすべて守るように教えなさい」(マタイ二八ノ一九、二〇)。さらに次のように言われました。「エルサレムを離れず、前にわたしから聞いた、父の約束されたものを待ちなさい」(使徒言行録一ノ四)。そして約束の「聖霊が降ると、あなたがたは力を受ける。……地の果てに至るまで、わたしの証人となる」(同八節)。

使徒言行録二章は聖霊を受けた弟子たちについて記録しています。それはちょうど聖霊に満たされた教会がどのようになるかを描写しています。二二～三六節ではペトロが人々にイエスがメシアであり、世を救う神の子であると説教しています。この説教を聞いた人々は心を打たれて、「兄弟たち、わたしたちはどうしたらよいのですか」(三七節)と質問しています。ペトロが「悔い改めなさい。めいめい、イエス・キリストの名によって洗礼《バプテスマ》を受け、罪を赦していただきなさい」と答えると、三千名もの人々がその言葉を受け入れてバプテスマを受けました(三八～四一節)

使徒言行録二章は新たにバプテスマを受けたメンバーも加えた、聖霊に満ちた初期の教会がどのようであったかを描いています。四二節には教会生活の日々を四つほど挙げています。

1　使徒から熱心に学んだ――今日の聖書研究。

2　互いに交じり合った――愛し合い、面倒を見合い、分かち合い、助け合った。

3　共にパンを裂いた――共にパンを裂くことによって主の晩餐《ばんさん》の象徴を分かち合った。

4　共に祈った。

四三節には教会で「多くの不思議な業としるしが行われ」たと書かれています。聖書の訳によっては、癒し、さらには死からの復活の業が現されたと書いています。

四四、四五節にはそれぞれの財産を持ち寄り、それを分かち合ったと述べています。ある人はクリスチャンになることで財産や職を失ったでしょう。そのようなときに教会が共同体としてそれらの人を助け合ったのです。今日に当てはめるなら、医療費や生活費の必要を助けるということでしょう。さらにアル中やドラッグやギャンブル中毒からのリハビリを助けることも含まれるかもしれません。大切なことは、クリスチャンになってもこの世との交わり、接点があり続けるということです。

四六節では人々が家々（小さな集まり）に集まるだけではなく、一緒になって神殿（宮——共同体として）に集っています。「主は救われる人々を日々仲間に加え一つにされたのである」（四七節）。

小さい集まり、大きい集まりに関わらず交わりや支え合うだけではなく、新しい魂を得る場所にもなっていたのです。ある人は、小グループの目的は交わりを提供することだと言っています。間違いではないかもしれませせが、使徒言行録二章の聖書的な小グループは人々をイエス・キリストへの献身に導いています。もしあなたの小グループが働きの一部として未信者への働きかけが含まれていないのなら、それは神が使徒言行録二章に示された原則に従っていません。

使徒行伝２章	小グループ
使徒からの学び	聖書研究
交わり	個人的分かち合い、相互交流、友好関係
祈り	祈りの時間
パンを裂く	共に礼拝する、食事を共にする
一つにする	お互いの必要を満たし合う
バプテスマ	外への働きかけ（アウトリーチ）

使徒言行録二章による小グループの指針

使徒言行録二ノ四一～四七に教会活動の指針が示され、これらを中心として共同体としての働きが始まります。それでは使徒言行録二章の指針を小グループに当てはめてみましょう。

上記が小グループの指針となります。私のセミナーでこれらの指針を示すと、次のような質問を受けることがあります。「聖書研究グループではない小グループはこの指針から外れていることになりますか？」。ある人はこれらの指針全てを含まなければ完全ではなく、聖書的な小グループとは言えない、と主張します。他の人は小グループが指針の一つでも含んでいれば使徒言行録二章の教えに沿っている、と主張します。この点については後の章でもう少し詳しく学びますが、一言だけ……。小グループは聖書的であり、その基礎は聖書のみ言葉に根ざしています。

み言葉に基づく小グループをどのように組織し、家での聖書を学ぶグループをどのように導くかを使徒言行録二ノ四一、四二から学びましょう。このような形は「包括的小グループ」と称されることもありますが、私は単純に

「聖書を学ぶグループ」と呼んでいます。「聖書を学ぶグループ」を考察した後に、他の形の小グループとその機能についても見てみましょう。

小グループの基本――それでは先に進みましょう。

第５章　小グループの基本

以前、小グループの訓練セミナーを始める前に一人の若い女性が、「このセミナーが初心者でも理解できる入門編だと嬉しい。小グループとは何かから始めて、たくさんの質問があるんです」と話しかけてきました。この本を読んでいるあなたも同じ質問を持っているかもしれません。それではその質問から考えてみましょう。

小グループとは？

小グループの定義はいくつもあります。

＊小集団（Cell）は八〜十五人程度の小グループで、定期的に集まって、礼拝、聖書の学び、弟子訓練、アウトリーチ（教会の外に手を差し伸べる）などを行う。[1]

＊教会の中の小グループは自発的、年齢性別を問わない三〜十二人ほどのグループで、共通の目的に基づいてクリスチャンとしてお互いに啓蒙し合い、交わりを持つ。[2]

＊小グループとはキリストにある豊かな人生を見いだし、成長するという同じ目的を持って定期的に顔と顔を合わせて集う三〜十二人のグループ。[3]

幾つかの定義はアウトリーチの重要性を無視しています。実際、私が参加した全米小グループ大会では小グループを育てることだけに焦点が当てられ、アウトリーチは無視されていました。これは深刻な間違いです。使徒言行録二章ですでに見たように、アウトリーチは初期のクリスチャンに必要不可欠な活動であり、それによってますます新しい信徒が加わるようになりました。

エレン・ホワイトも小グループを養うこととアウトリーチについて書いています。「わたしは、誤ることのないお方から、クリスチャンの働きの基礎として小さな組を組織するように示された。教会員数の多いところでは、教会員を小さな組に分けて、教会員のためばかりでなく未信者のために働かせなさい。真理を知っている者が一箇所に二、三人しかいないならば、その人たちで働き人の組を作りなさい」[4]

私個人の小グループの定義を書いてみます。この定義には小グループに必要と考えるすべての要素が入っています。〈小グループとは人と人が直接、顔と顔を合わせて集まる三〜十二人の人々で構成されるグループである。お互いの関係を育むという共通の目的で定期的に集まり、メンバーの必要をお互いに満たし合い、霊的に成長し、人々がキリストを救い主として受け入れるように導く計画を立てる〉

人間関係の四つの芯

小グループは目的を共有しながら発展しなければなりません。それはやがて成長して共同体となっていきます。共同体（コミュニティー）を言い換えると、結びつき（relationships）となるでしょう。次にあげる四つの関係、結びつきは小グループ成功の鍵となります。

1　神から人への関係

神がグループの一人ひとりに何をなされようと望んでおられるかに焦点を当て、それぞれの人生にどのように触れようとされているかに鋭敏でなければならない。

2　人から神への関係

神の聖霊の働きに対する個々の応答がグループの活動の重要な部分である。聖霊がグループのメンバーに触れてくださるので、お互いが支え合えるのである。聖霊の働きかけに応えるなら、ごく平凡な人であっても驚くべき神の働きをするようになる。

3　人と人の関係

神の呼びかけにどのように応えるかは、メンバー同士の関係に影響を与える。霊的に成長するにしたがって、助け合い、祈り合い、支え合い、お互いの必要を満たし、理解し合い、赦し合い、深めたくなる。

４　人と世の関係

グループは霊的に完全になるわけではなく、グループの外側の人にまで手を差し伸べることが少ない。しかし神は人々が神の元に集まるように呼びかけており、同時に世に出て行くようにも命じておられる。神はグループがこの任務を遂行する助けとなるように求めておられる。グループ・リーダーはアウトリーチの模範とならなければならず、それが小グループ成功の大きな鍵の一つである。

グループの様態はこれらの関係を核としてできていきます。前章で使徒言行録二章が示す教会生活の指針を見ましたが、もう一度復習してみましょう。使徒言行録二ノ四一～四七に書かれているこれらは、小グループにも当てはまります。

この指針に従うなら、全ての小グループは、愛する、学ぶ、決断する、実行する、祈るという五つの構成部分から成っています。愛するには相手の話を聞き、話を分かち合うことが含まれます。学ぶというのは聖書を学んで神の御心と真理の知識と知恵を蓄え増やします。決断するとはグルー

使徒行伝２章	小グループ
使徒からの学び	聖書研究
交わり	個人的分かち合い、相互交流、友好関係
祈り	祈りの時間
パンを裂く	共に礼拝する、食事を共にする
一つにする	お互いの必要を満たし合う
バプテスマ	外への働きかけ（アウトリーチ）

プとして、子どもたちに何をすべきか？　どのように時間を使うか？　どのタイミングでグループを分けていくか？　などの決断をすることです。このような決断は最初に決めておけば、その後のグループ活動の中心課題とする必要がありません。実行することこそグループの任務です。活動の目的は何か？グループは何を達成しようとしているのか？　アウトリーチ伝道とは何か？　祈るグループの全てが祈りに満たされなければなりません。

あなたの小グループの課題

グループの実際的かつ具体的な課題には主に四つの要素があります。分かち合い、聖書の学び、祈り、アウトリーチ。どのようなグループであってもこれらの要素は変わりません。分かち合うには友情関係の育み、愛による交わり、そして決断が含まれます。聖書の学びには学んで身につけることが含まれます。アウトリーチは外の人に手を差し伸べることを具体的に実行するのです。祈りはグループの全ての局面に神の力を願い求めることです。グループによってそれぞれの要素に費やす時間は違います。例えば、分かち合いを中心にするグループは、聖書の学び、祈り、アウトリーチなどに費やす時間は少ないでしょう。未信者への聖書の学びを行っているグループはその他の要素にあまり時間は割けないでしょう。

二つの違ったグループの九〇分の使い方の例を挙げてみます。

交わりのグループ	アウトリーチ聖書研究グループ
分かち合い -------50 分	分かち合い -------20 分
聖書研究 ----------25 分	聖書研究 ----------55 分
祈り ---------------15 分	祈り ---------------15 分

当然、どのグループでも特別な問題が起きれば、聖霊の導きを求めながら柔軟に対応しなければなりません。ここに挙げたのはほんの一例で、これぞ正解という時間配分はありません。少なくともグループに必要な基本的な要素は変わりませんが、時間の使い方、順番、それぞれの内容に関しての用語は違うかもしれません。しかし四つの重要な要素はやはり含まれています。質問を分かち合う、聖書の勉強、アウトリーチ、祈り。それではひとつずつ見てみましょう。

質問を分かち合う

グループを成功に導くためにメンバーは積極的に話し合いに参加し、率直に意見を分かち合うことが大切です。分かち合いは各ミーティングを滑らかに始めるよいきっかけになります。この時間は誰でも気兼ねなく、その週にあった出来事や個人的な思いなどを自由に分かち合います。そうすることによってお互いを知り、人の必要に目を向けるようになり、おとなしいメンバーも少しずつ話しやすくなり、学びの時間になっても自由な発言を引き出す雰囲気を作ることができます。

グループ・リーダーはまず祈りから始め、「さあ、前回の集まりから一週間、それぞれの歩みにあったことを聞かせてください」と声をかけてみましょう。メンバーがそれぞれの経験や出来事を分かち合った後に、リーダーはメンバー同士がお互いを理解し合えるような質問をしてみます。それはお互いがより良い関係を築くために役立ちます。

例えばこんな質問はどうでしょう。「イエスは弟子たちに仕事を離れて休みを取るように教えているけど、あなたは休みやくつろぐために何をしたいですか？」

質問をするときに大切なのは、あまり強制的に答えを引き出そうとはせず、それぞれの体験談や考えを共有しやすいようにすることです。質問を分かち合うためには聖書やそれぞれの話題についての特別な知識はなくても大丈夫です。分かち合いの時間は無理に結論を出そうとしたりはせず、気取らずにリラックスした楽しいひと時にしましょう。

分かち合いの時間には幾つかの利点があります。参加することでお互いが知り合うようになり、交わりが深まり、同時にメンバー同士の個性を理解し合う大切な時となります。

グループの質問を分かち合うには五つの基本的な形式があります。

１　過去形の質問

これはメンバー個々の自分史を分かち合うのに適しています。メンバーの人生経験や背景を知って理解する助けとなります。グループの初期段階では特に過去形の質問が役に立ちます。例えば、「子どもの頃に教会に行ったことがありますか？」「子ども時代の食事の席で最も記憶に残っている出来事は？」

「あなたの家はどんな方法で暖を取っていましたか?」

2　現在形の質問

メンバーが今直面している出来事などを分かち合う助けになります。例えば、「今最も楽しんでいる趣味は?」「この一週間に人からしてもらっていちばん嬉しかったことは?」「あなたの最も好きな場所は?」

3　未来形の質問

この質問はメンバーに将来の夢や希望を話す機会を与えます。例えば、「次の休暇はどこに行きたいですか?」「人生の終わりに何を記憶にとどめておきたいですか?」

4　確認の質問

この質問は肯定的な思いをお互いに共有する機会となります。例えば、「このグループはあなたにとってどのように役立っていますか?」「このグループのどんなところがいちばん好きですか?」

5　義務や責任の質問

この質問はメンバーがクリスチャンには責任や義務が伴っているという共通の理解を持っているときにのみ行う質問です。この質問にはある種のリスクが伴うことを覚えて注意深く質問すべきです。例えば、「この一週間のあなたの聖書研究と祈りの生活はどうでしたか?」「先週あなたは子どもたちと充実した時間を過ごしましたか?」

次に、質問を分かち合うためにリーダーが覚えておくべきガイドラインの幾つかを挙げてみます。

１　質問をした後に自主的に答えようとする人から答えてもらいましょう。こちらから指命したり、順番に答えさせたりしないようにしましょう。場合によってはまずリーダーが模範となって答えるとよいでしょう。

２　答えないという選択肢も認めましょう。「次に答えたい方はいますか？」「答えをパスしたければ、構いませんよ」「今日は聞くだけでもけっこうです」

３　高圧的、追い詰めるような質問は避けましょう。

４　物議をかもすような質問はしないようにしましょう。例えば、妊娠中絶、死刑論など。

５　悲観的な質問は避けましょう。分かち合いの目標の一つは質問を通して肯定的な体験を共有し、メンバー同士の理解を深め、支え合う機会となることです。

聖書の学び

クリスチャン・グループの学びや議論の土台は聖書でなければなりません。グループによっては他の題材を用いることもあるでしょうが、それでも神のみ言葉が常に根幹になければなりません。例えば、悲しみ回復グループは、それに関する最近の本を使うかもしれません。しかしどのような場合でも聖書が基礎になっていなければなりません。

聖書の学びといってもいろいろな方法があります。相関的、焦点を絞る、証し中心……。もしこれから聖書の学びのグループを始めるなら、まずは誘導的な学びから始め、様子を見ながら徐々に別の方法を取り入れることを検討するのがよいでしょう。

誘導的な聖書の学びはディスカッションを基本とします。リーダーはディスカッションを促しますが、話しすぎてはいけません。リーダーはグループが学ぶべき真理を見いだせるように誘導します。これはセミナー形式とは逆のやり方です。ちなみにセミナー形式とは教師が資料や答えを用意し、必要があれば、または時間の余裕があればディスカッションを行う方法です。しかしながら小グループがおしゃべりだけの時間になったり、聖書に基づかない個々の考えを披露する会にならないようにリーダーが教えたり、ディスカッションの主導権を持つ必要があります。そのためにリーダーはディスカッションに向けてよく学び、準備しなければなりませんが、同時に支配的にならないように穏やかにグループを導きましょう。

誘導的な聖書の学びには三つの部分があります。

1 観察 聖書は何と言っているか？ その文脈の背景は何か？ この段階ではメンバーは事実だけを調べてリストにすることで、その聖句をより正確に、深く理解する準備をします。

2 解釈 この聖句の意味は？ ここではその聖句の歴史的背景、原文に基づく文脈などを調べ、その聖句の元々の意味を読み取ります。

3　応用　その聖句の元々の意味を現在に当てはめると？　この段階でメンバーは、「そうだとしたら？」ということを考えます。この聖句は今の私にどんな重要な意味があるのだろうか？

聖書の学びの小グループの最終目的は、適応もしくは活用です。常に頭に入れておかなければならないのは、聖書は単に知識を学ぶのではなく、人生と日々の歩みに活かされなければならないということです。もしグループの誰かが家庭に問題を抱えているとすれば、グループに必要なのはイエスの系図の学びではなく、イエスならどのような個人的助けを与えるだろうか、という学びの方が大切なのです。

聖書の学びの小グループを始めるときに「どんな教科書や資料を使ったらよいか？」という質問がよく出ます。経験から言えるのは、リーダーが個人的に書いて用意したものよりも、すでに出版されているガイドなどの方が良いでしょう。その多くは小グループの経験豊富な著者によって、グループが段階を踏みながら肯定的な経験を得られるように書かれています。

伝道活動

全てのグループは明確な目標と伝道戦略を持ち、メンバーはそれをしっかりと理解して自分自身のものとしなければなりません。メンバーは自分の属するグループの存在意義をしっかりと理解し、自分はそのグループの構成員だという自覚を持つことが非常に重要です。私の経験では、伝道戦略を持たないグループはやがて内向きになり、徐々に活気や充実感が失われ、雰囲気は沈滞し、グループの崩壊へと流れていきます。

ある教会で実際に目撃したことですが、私はその教会のある小グループの話し合いの場に参加しました。アリスが私に、「あなたはなぜ私の小グループの活気が失われ、ダメになったと思うか?」と質問してきました。最初の六ヶ月、彼女のグループは学び、祈り合い、交わりをとても楽しんでいました。しかし八ヶ月を過ぎた頃からメンバーの興味が薄れ始め、結局はグループを解散してしまったのです。彼女の話を聞いて、あることに気づきました。それは彼女たちが始めてから二ヶ月後にグループの焦点を変更し、その結果として新しいメンバーの参加を受け入れないことにしたばかりか、伝道を行わないと決めてしまったのです。理由の一つはメンバーが忙しすぎるから……。やがて彼女たちは自分たちの必要を満たすことに焦点を絞り、他の人の必要に目を塞《ふさ》いでしまいました。アリスは、グループ・メンバーは自分たちが築いた密接な関係を新しい人を加えることで壊されることを嫌うようになっていた、と説明していました。このグループは人に手を差し伸べて新しい命、新しい生き方を提供するという小グループ本来の原則を忘れしまったのです。

活気あるグループは未信者だけでなく、まだキリストとの関係を築けていないクリスチャン、聖書の真理を求めながらまだ見いだしていない他宗派のクリスチャンにも手を差し伸べます。

あるグループは自然に伝道が目標となり、そのための用意をします。祈りのグループや『各時代の大争闘』を読みながら終末の出来事を学ぶグループなどは、グループを健全に維持し、伝道せよとの聖書の教えを遂行する伝道戦略を策定する必要があります。

祈り

祈りはグループを生かす血液です。祈りによってメンバーは結束し、メンバーの日々の生活と歩みを支え、聖霊のグループへの働きかけを強くします。祈りはグループの関係を強化し、み言葉に基づいた生活を成長させ、お互いに奉仕し、神がメンバーの必要を必ず満たしてくださるという信仰を築く助けとなります。

メンバーの中には個人的に祈ったことがない、またはみんなの前で祈ったことのない人がいるかもしれないと想定しておくのが賢明です。急に「祈ってください」と言われると引っ込んでしまう人もいます。ですので「お祈りをしてください」「みんなに聞こえるように祈ってください」とは求めないと決めておいたほうがよいでしょう。祈りの時間はあくまでも自発的または任意でなければなりません。

グループ・メンバーを祈りに参加させる

それでもメンバーを祈りに参加させるためにリーダーが用いることのできる幾つかのアイデアがあります。

1　祈りの言葉を書いたものをメンバー全員に配り、祈りの終わりに皆で声を出して読む。手始めに、主の祈り、詩編二三編などを用いるとよい。

2　メンバー全員に聖句を書いたカードを渡し、祈りの会のときに希望者を募って声を出して読んでもらう。

3　紙と筆記具を全員に渡し、祈りの言葉を自由に書いてもらい、祈りの時間にそれを読んでもらう。

4　リーダーが祈りの文章を考えるが、空いたところに一言入れてもらう。例えば、「主よ、私が○○するのを助けてください」「主よ、○○を感謝します」

5　グループ内のさまざまな状況を想定した祈りを書いてもらう。例えば、献金の感謝の祈り。主を賛美する祈り。必要の満たしを求める祈り。他のグループのための祈り。

6　黙祷の時間を持つ。

7　ホワイトボードに聖句を書き、祈りの最後に全員でその聖句を読む。

通常、グループの集まりは最初にリーダーかメンバーの祈りで始めます。会で証しを分かち合うとき、または会の終わりなどにメンバーが一緒に祈る時間があります。しばしばこの時間は会話の祈りを捧げます。この祈りは一言二言で短く祈ります。一人が一回以上祈っても構いません。さらにこの祈りは輪になって順番に祈るのではなく、自主的に祈る人が引継ぎながら祈ります。この祈りを「ポップコーンの祈り」と砕けた呼び方をすることもあります。

グループは請願の祈りと神の応答を記録します。グループのメンバーが親しい関係を築き、お互いの考えを理解し、受け入れるようになったら、祈りのパートナーを形成するのもよいでしょう。

グループの形態

使徒言行録二ノ四一～四七の教えから聖書を学ぶグループの形態を幾つか見てみましょう。この形態は四つの部分から成っています。（１）分かち合い　（２）聖書の学び　（３）祈り　（４）実行。グループは週に一回約九〇分の集まりを持ちます。さまざまな聖書の学びを用いて新しいメンバーがキリストを救い主として受け入れられるように備えるため、彼らを集まりに毎回招きます。

目標は、小グループに属する全ての教会員が使徒言行録二ノ四一～四七に基づいた体験をすることです。それに加えて、友人、隣人、家族、仕事仲間などが一緒に聖書の学びのグループへの参加を目指すことです。しかし全ての未信者が聖書の学びへの参加を望んでいるわけではありません。もしそのような人を聖書の学びに招き入れたいとすれば、どうすればよいのでしょうか。

この質問に伝道の指標（Engle Scale を元にした指標）と呼ばれる四つのステップの図解を用いて答えてみましょう。

第 1 段階：線を水平に引く

第 2 段階：中心に十字架を描く

第 3 段階：十字架の両脇に 10 本の線を入れる

第 4 段階：各線の下に -10 ～ +10 の数字を入れる

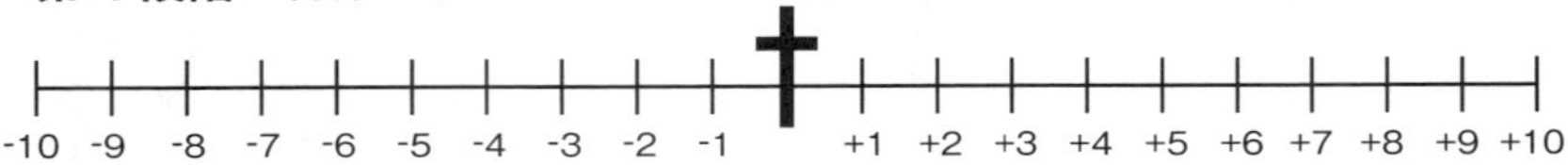

説　明　　十字架はキリストを救い主として受け入れた時点

十字架の右側の +1 ～ +10 は新しくクリスチャンとなった人がキリストを受け入れる行程を表す。

+1 ～ +3　新しいクリスチャンが霊的な生活を成長させている（祈り、聖書研究、信仰の証しをする……）。

+4 ～ +7　与えられた霊の賜物が何であるかを見いだし、その賜物を用いて宣教の働きを行う。

+7 ～ +10　キリストの弟子として全く献身をして、指導的な役割を果たし、次世代への弟子訓練を行う。

十字架の左側の -1 ～ -10 はキリストを受け入れる段階からどれくらい離れているかを表す。

-1 ～ -3　霊的なものを求めており、霊的な事柄の話し合いや聖書研究に参加する。

-4 ～ -7　霊的な事柄に一応の興味は持っているが、聖書研究には参加しない。

-7 ～ -8　必要なときには霊的な助けを求めるが（葬式や結婚式など）、日常的な優先順位として霊的なことは最下位にある。

-9 ～ -10　緊急時、日常に関わらず、霊的な興味は全くない。

あなたの周囲にいる全ての人はこの指標のどこかに当てはまります。すでに聖書の学びのグループに属しているクリスチャンであるという人は十字架の右側――1から10――に当てはまります。あまり積極的なクリスチャンではない、聖書の学びの小グループに参加していない人は左側になります。ただし、マイナス1から3の部類は、時々は小グループに参加している人たちです。それでは他の人たちはどうでしょうか。

私たちはキリスト者として全ての人へ福音を宣べ伝えるために献身しています。イエスがなさったように私たちも失われた人を探し出して救う働きをしています。もし私たちがある人を小グループや教会に招いても来なかったとします。でも私たちがすべき努力をして義務は果たしたのだから、足のチリを振り払っても構わないという態度を取ることはできません。イエスは全ての人のために命を捧げられたのです。

使徒パウロは、「わたしは、だれに対しても自由な者ですが、すべての人の奴隷になりました。できるだけ多くの人を得るためです」（一コリント九ノ一九）と言っています。さらに続けて、自分はユダヤ人のようになり、律法の下にいる者になり、弱い者になる。それは「何とかして何人かでも救うためです」（同二二節）と述べています。

当時の指導者たちはイエスが取税人や罪人と付き合っていると非難を浴びせました（ルカ一五ノ一、二）。エレン・ホワイトはキリストの模範について次のように書いています。

「人の心を動かすには、キリストの方法だけが真の成功をもたらす。人間として歩まれた間、救い主はその人たちの利益を計られ、同情を示し、その必要を満たして信頼をお受けになった。そして『わたしについて来なさい』とご命令になった」[5]

言い換えると、イエスは人のいる所に行かれたということです。私たちの小グループも同様にしなければなりません。

イエスは全ての人がご自分を救い主として受け入れるように望まれたように、私たちも全ての人が使徒言行録二ノ四一～四七の経験——小グループの全人的な体験を得るように願い求めています。しかし人がその段階に到達するまでは、私たちもその人の日々の生活の場で会うことを求められる場合があります。今日の社会はさらに世俗的でポストモダン的様相が強まっており、宗教や神の真理への興味は薄れ続けています。[6] ですから友人や隣人が少しでも宗教的な興味を持てるように何かをしなければなりません。そのために小グループの第一ステップが必要になります。

第一ステップへの導入

ステップを用いた取り組みと以前の小グループの考え方との違いを思い起こしてみましょう。

アキラとプリスカの家に集まっていた教会は、教会には建物とフルタイムの牧師がいるべきだとする二一世紀の考え方からは対極にあります。家の教会の大きさは、その家に何人入れるかで決まります。

集会は出席者が少ないために対話形式が用いられる傾向にあります。

ワルド派の小グループは密かにイタリアのピエモンテにある洞窟などに集まっていました。彼らは一八世紀イギリスのウェズリアン（メソジスト／ウェスレー派）とはまったく違う形の小グループです。ウェスレー派は毎週決められたリーダーの元で集まっていましたが、聖書の学び、クリスチャンとしての献身、祈り、献金が彼らの小グループ体験には必要不可欠でした。

一九七〇年代のアメリカでは当時のヒッピーなどが自由を叫び、ドラッグ、サイケデリック、自由恋愛、権威への反逆を叫ぶ人たちを招き入れるために、小グループは公園やカフェで集いました。理屈では今の時代にこれを当てはめると、実際にはまったく違いますが、スターバックスで聖書の勉強会、iPhoneで聖書を読む、電子書籍を用いて文章を配布するなどになるのでしょう。

今日、成長して成功している小グループやセル教会が多くあります。これらを個々に見れば、組織、集会の形態、仕組みなどに違いが見られますが、その中に共通した要因を見いだすことができます。それは使徒言行録二章の本質の反映です。結びつきの構築、メンバーの必要への支援と援助、適応と責任、み言葉の日々の生活への適用、共に祈る、霊的に求めている人に手を差し伸べる、人々をイエスに導く、弟子訓練、礼拝への取り組み。

しかし文化、社会、環境、グループの形態に大きな影響を与える時代による組織や仕組みなどに違いはあります。教会は常に社会的、文化的な配慮、時代への対応が必要ですが、それは同時にこれぞ小グループという唯一の答えはないということにもなります。だからと言って社会や文化ばかりに目を向けすぎて、教会本来の、人々をイエスのもとに導き、「失われたものを捜して救う」（ルカ一九ノ一〇）という使命を忘れてはなりません。

第一ステップの小グループを理解する

第一段階の小グループに必要な性質はフレンドシップです。グループは何の条件もなしに個人をそのまま受け入れ、その次にその人の必要に思いやり、共感し、助け、信頼などで応えます。それから神の導きによって開かれる道に従って霊的なことについての話をしてみます。霊的なことについて話し合えるようになったら、福音の基礎について少しずつ学び始め、そこから使徒言行録二ノ四一〜四七の体験へと招き入れます。

私たちの周囲にいる全ての人に小グループの体験をする機会を与え、私たちがその人たちと親しくなるためにはいろいろな形の小グループがあります。全ての教会には使徒言行録二ノ四一〜四七に従った聖書を学ぶグループが必ずあると思いますが、それに加えて必要や興味に応じた新しいグループを加えるべきでしょう。

小グループの形

小グループにはいろいろなタイプがあります。それぞれのグループは前の章で論じた基本形を踏襲しています。分かち合い、聖書の学び、祈り、実践及び伝道。違いは何に強調点を置き、それにどれほどの時間を費やすかです。最も一般的な形式の幾つかを紹介してみます。

１　交わりのグループは相互的な交流を目的としています。時間の用い方は前の方の章で論じた、いわゆる四つのステップ通りではありません。メンバーは交わりやグループ活動――会食、ピクニック、買い物、ハイキングなど――により活発に参加するでしょう。このタイプは独身者、引っ越してきて周りに友人がいない、交わりが好き、新しいメンバーなどが参加しやすいグループです。交わりのグループは意識的にメンバーによるアウトリーチを行う必要があり、それを無視してはいけません。このグループの弱点は聖書の学びよりも交わりの活動の方に熱心になりやすいことです。

２　聖書の学びグループは聖書の学び、書物などを他のクリスチャンと学び、特定のテーマに関しての知識を広げることを好みます。このグループは聖書や聖書に関する本、終末に関する書物などを通して学びます。このグループの弱点は、自分たちだけが真理を知っているという態度を取りがちになることです。このグループはアウトリーチを行うことでバランスを取る必要があります。

3　アウトリーチ・グループは、未信者、求道者、長期欠席者などへのアウトリーチを行いますが、その方法はさまざまです。一つの例として、学びのグループを見てみましょう。学びは聖書に関する書籍を用い、それぞれの興味に応じたものに焦点を絞って行います。例えば、天使、イエスの生涯など。オレゴン教区が始め、発展させたホーム・オブ・ホープはその良い例でしょう。

二つ目のタイプのアウトリーチ・グループは「友情関係への道」などと呼ばれることもあります。「道」と呼ばれる理由は、グループが個々の必要に目を向け、それを通してキリストへの道に導くからです。ある人は、人々の必要に応えるグループの目的を反映するにふさわしい名称をグループ名に使用することを勧めています。[7] グループはキリストの慈しみと思いやりに根ざした触れ合いを提供します。MOMS《マムズ》などはよい例でしょう。このグループは小学校就学前の子どもの母親のためのグループです。また朝食グループはキリストが友情や日常生活にどのような違いをもたらすかに焦点を当てています。

三つ目のタイプのグループは、以前クリスチャンだった、または時々しか教会に来ない人たちのためのアウトリーチです。このグループの目的はこれらの人々と再会させることです。

四つ目のタイプのグループは求道者のためです。このグループはまだキリストのことを知らない人たちを想定しています。ある人は無神論かもしれないし、宗教そのものについて知らないかもしれないということを念頭に置いています。このタイプのグループの弱点は、メンバーの霊的成長よりも数的成長を目指しやすくなることです。

４　任務遂行型アウトリーチ・グループ　このグループは集まりや相談などにあまり時間を費やしません。実際にこのグループは通常でも月に一回、一時間程度の集まりしかしません。そのような集まりでも聖書の学び、計画、伝道、そして祈りに短い時間を工夫して分配するようお勧めします。他の週には短い時間を分かち合い、聖書の約束の学びなどを行い、祈り、それぞれに選んだ目的や任務に時間を使うことができます。一例が文書配布です。トラクトや書籍を家々に配布したり、公共の場所に置いたり、置いた書籍が少なくなってきたら補足します。他にも、パスファインダー、聖歌隊、安息日学校などの責任者たちが毎週または隔月にそれぞれの状況に応じて集まって短い学びの時間、祈りの時間を持ち、ときには一緒になって活動をします。

実践グループはアウトリーチの機会がどこにあるか探る必要がります。パスファインダーなら教会に来ていない子どもたちやその親たちを彼らの活動に取り込む方法を探ります。子どものための安息日学校は、子どもだけを教会に送ってくる親たちを訪問する必要があるでしょう。

任務遂行型のグループは、神が誰にでも与えてくださっている霊の賜物を働きのために用いなければなりません。このグループの弱点は、任務の遂行の方が聖書の学びや祈りなどよりも中心になりがちなことです。

５　サポート・グループは個々の特別な必要のためのものです。これらの必要は短期間のことが多く、やがて他のグループへと移っていくのが普通です。例えば、離婚した人への支え、悲しみからの回復、アルコールなどの中毒者へのサポートです。これはあくまでもサポートであって治療ではありません。もし治療が必要な人がいれば、例えばクリスチャンのカウンセラーなどの専門家に行くべきです。グループのメンバーはお互いに苦しんでいることを知っていますが、それがグループの焦点ではありません。グループの焦点は友情を築き、聖書からの回答を探り、お互いに祈ることです。聖書以外にそれぞれの問題に関する書籍を用いることもあります。

私は過食症、アルコール中毒、離婚、タバコ中毒などへのサポートをしている幾つかのグループを訪れたことがあります。メンバーはお互いにどのように一週間を過ごしたか、それぞれの必要に聖書がどのような答えを与えてくれているかを分かち合い、最後に全員で輪になって手をつなぎ、互いに祈りあって集会を終わりました。

サポート・グループの弱点は、聖霊の力やキリストによる新生よりも自分たちの弱さ、問題に焦点が向きがちになることです。

6　祈りのグループは聖書の学びや分かち合いをしますが、ほとんどの時間を祈りに費やします。メンバーのほとんどは祈りのパートナーや祈りのネットワークを持っています。もし祈りの課題が持ち込まれたら、彼らは積極的にそのことのために祈ります。このグループの弱点は、祈りのグループに属さない人たち、彼らほど祈らない人たちなどをあまり霊的ではないと判断しがちになることです。

7　総体的聖書研究グループのメンバーは四つの基本である聖書の学び、アウトリーチ、祈り、実践にバランスよく時間を使おうとします。通常、彼らは聖書そのものまたは聖書的な主題を学びます。またとてもオープンで、新しい人を積極的に招き入れようとします。祈りの時間には新しく加わった人のために祈ります。

このタイプのグループは人気があります。なぜならバランスが取れているので、メンバーそれぞれの要求に応えやすいからです。さらに聖書が教える小グループに適合しています。このグループの弱点は、ときとして一つのことに焦点が集まりすぎてバランスを崩しかねないということです。さらに新しい人を招き入れることを忘れ、アウトリーチよりもその過程に焦点を当てがちになります。また人の出入りが多くなると、グループの成長や結束がおろそかになってしまいます。

８　家庭集会は厳密に言うと小グループではありませんが、機能的には似ています。このグループは教会ではなく家に集まります。教会で行われるほとんどのことが家の環境で行われるだけです。安息日には安息日学校と礼拝が行われ、週日には小グループが持たれます。家の教会に合わせた理事会または計画委員会も持ちます。

国によっては、キリスト教は公共の場所で集まることができないため、家の教会が教会の役割を果たしています。他の国では家の教会がアウトリーチの手段となっています。私がブラジルで小グループのセミナーを持ったとき、ある参加者は新しい教会を開く戦略として家の教会を計画していました。他の国でも同様の働きを目にしました。私は新しい教会を開拓するための種まきとして小グループを用いる時期に来ていると信じています。

このグループの弱点は教会全体から孤立し、教会全体の中での協力がおろそかになり、本来の役割を忘れがちになります。ときには独善的な路線に走って誤った教義に陥ることもあります。

9　セル教会は全員が小グループに属している教会です。教会生活のほとんどはセル単位で行われます。あまりプログラムはなく、セルの活動が何よりも優先され、理事会も例外ではありません。セル活動が第一で毎週の礼拝は二の次になります。各国の多くの教会でこれを模範とする教会があります。これこそが教会の将来の姿だ！と言う人もいます。セル教会の弱点は、家の教会と同様に全体から分離してしまい、礼拝など、全体での集まりの価値を見失うことです。

（訳者注／セルとは細胞の意味で、細胞が集まって身体ができているように、セル教会とはセルグループの集まりを中心にしたキリスト教の教会の構造である。たびたび小グループの働きをセルグループと呼ぶ）

10　安息日学校アクション・ユニット　アドベンチスト教会はすでに小グループの概念が安息日学校に用いられていますが、もっと広げられる可能性があるというところから発しています。前提は、安息日学校の目的は、交わり、訓練、聖書の学び、アウトリーチ（地域だけではなく全世界にも）、祈りによる支え合いですが、これらは聖書的な小グループの要素でもあるので、毎週の安息日学校の各クラスにこれらを取り入れるべきであるというものです。各クラスには少なくとも一時間与え、そこで小グループの要素である分かち合い、学び、祈り、そしてアウトリーチのための計画や準備を行います。ときにはクラスが週日に家で小グループを計画することもあります。その家のグループと安息日学校のクラスが協力するなら、より多くの実を得ることができるでしょう。

このグループの弱点は、ときとしてクラスの場所と使用できる時間の制限が健康的なグループへの道を阻害します。しばしば違うグループのメンバーが同じ会堂を使わなければなりません。与えられる時間が十分ではなく、あまり理想的とは言えない場所を使わなければならないために、グループ内の交流が不十分になりがちです。そのために徐々にグループへ参加する気持ちが減少し、やがて小グループに対して消極的に、ときには否定的にさえなってしまいます。

11　伝道実践グループ

伝道実践グループは特定の地域、人々、またはまだ手を差し伸べていない地域や人々に福音を広める計画を立て、実践します。このグループは伝道計画には使徒言行録二ノ四二～四七に含まれる主要な要素（教義、分かち合い、パンを共に裂く、祈り）が含まれています。例えば、白人教会の中でスペイン語を話す人たちの小グループがヒスパニック（ラテン・アメリカ系アメリカ人）の地域に教会を建てる計画などがそれです。小グループによる近隣の大学キャンパスでの伝道もそうです。

ここまでを要約するなら、臨機応変に、柔軟にということです。ただし小グループの本質と聖書的な原則は常に忘れずに！　それらは不変であり普遍です。それらを文化、年代、教会の大きさによってどう表現するかはそれぞれが慎重に検討すべきことです。だからといって勝手な形式や手法を取り入れて、神が家や教会での集まりに与えようとしているご計画を無視してはなりません。

(訳者注　上記小グループはあくまでも役割に基づいた分類の名称であって、この名称を用いいなければならないというものではない。それぞれの小グループは自由に名前を付けて構わない。例えば、新宿のAさんの家で、英語で聖書研究をするグループに、Aグループ、新宿グループ、英語聖書グループなど)

グループの型または分類

いくつかの小グループは以前からあった型を取り入れ、より簡単に識別できるように、主要な部類に当てはめて分類しています。例えば、マリア・グループとマルタ・グループはイエスをもてなすためにマルタが一生懸命に食事を用意し、一方でマリアはイエスの足元に座って話を聞いていたという聖書の記事にも基づいて名づけられています。毎週の集いで自分を養うた

マリア・グループ	マルタ・グループ
交わりのグループ	一部のアウトリーチ・グループ
聖書の学びグループ	家の教会
アウトリーチ・グループ	安息日学校活動団
祈りのグループ	伝道実践グループ
支援グループ	
契約 / 誓約グループ	

(訳者注/契約・誓約グループは定期的な集まりを通して、お互いの交わり、霊的成長を深めて教会のために役立つことを誓うメンバーによる小グループ。誓約の方法や内容はそれぞれ異なっており定型はない)

めに座っている人はマリア・グループに、座っているよりも活動したい人はマルタ・グループに属しています。

次に三方向に区分したグループを挙げてみましょう。

任務遂行グループ	交わりのグループ	聖書の学び
アウトリーチ	交わり	聖書の学び
支援	契約／誓約	安息日学校活動団
安息日学校活動団	祈り	
家の教会		
伝道の実践		

他には、地域との架け橋となるようにと、地域グループに分かれる小グループもあります。弟子養成グループはクリスチャンを支援します。奉仕グループは霊の賜物を用いて伝道の機会を提供します。

各小グループは実際には役割、活動内容などが似通っている場合があります。それは違うタイプの小グループであっても、結局は同じ目標、主旨——聖書の学び、祈り、分かち合い、実践——を持っているからです。当然それぞれのグループの目的によって費やす時間の違いがあります。違いの例をイラストで見てみましょう。

アウトリーチ・グループ

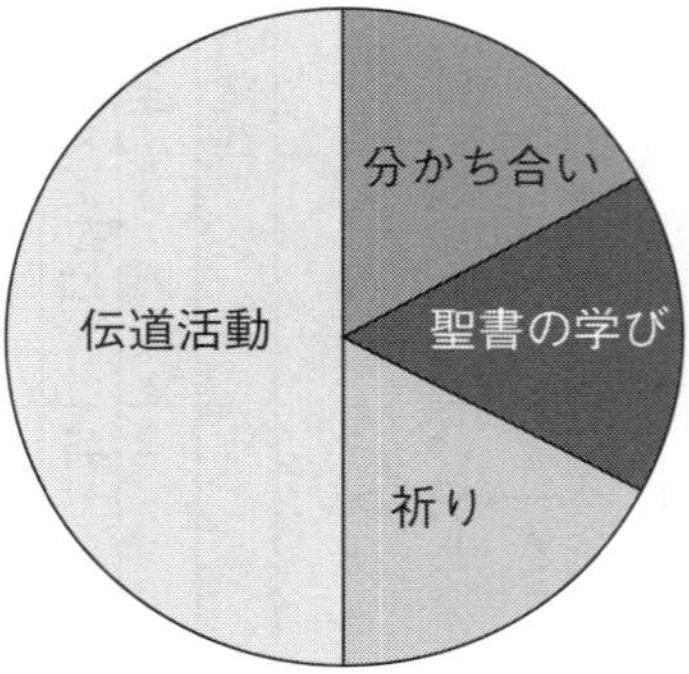

伝道 / 任務遂行グループ

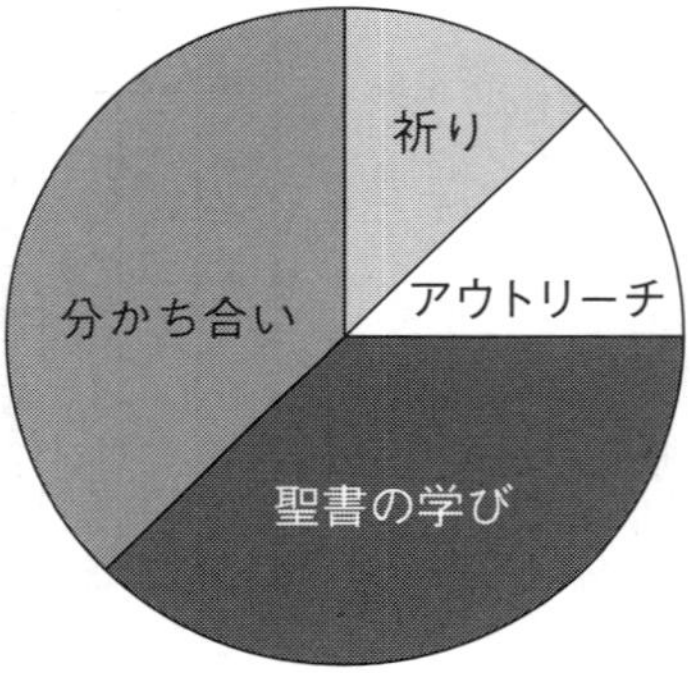

クリスチャンの交わりグループ

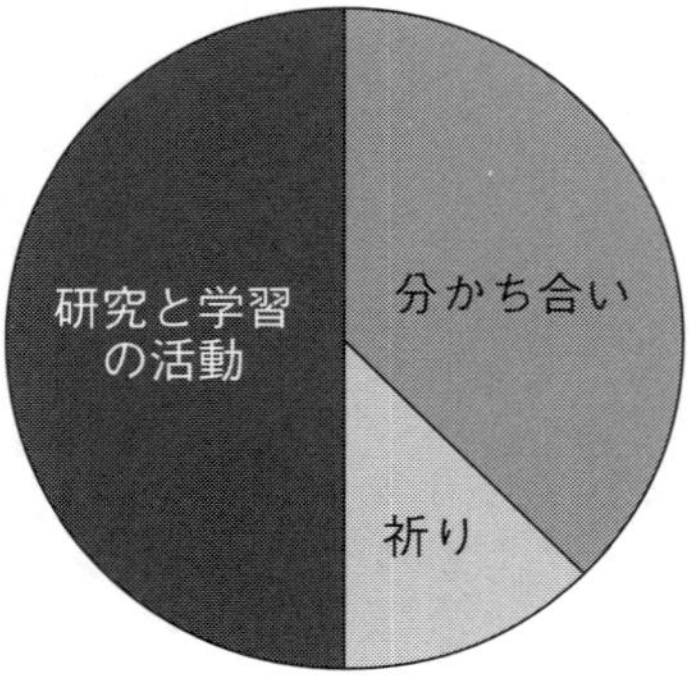

健康的な小グループ

どんなときにも、どんな状態であっても、全ての人に開かれているのが健康的な小グループです。何か特別な必要が生じたメンバーがその必要にふさわしい別の小グループに移ったほうが良い場合もあります。そのようなときには、グループ・リーダーはその人が別のグループに移れるように助けます。また同じ必要を求めている人たちが一緒になって神を求めることによって強められ、支え合うようになるということも覚えておきましょう。健康的な小グループとはこのようなグループです。次章ではリーダーやメンバーそれぞれの役割を学びます。

キャシーの二人の息子の一人は結婚して、もう一人は大学に行くために家を出ました。キャシーは二人がいなくなった生活に慣れるために、小グループに入って聖書の学びによって淋しさを忘れ、空いた時間はアウトリーチを行うために用いることができます。彼女の周りには同じような状況にいる友人や隣人がいることに気づき、それらの人々を小グループに招いたのです。

このような交わりは宗教的な信仰というよ

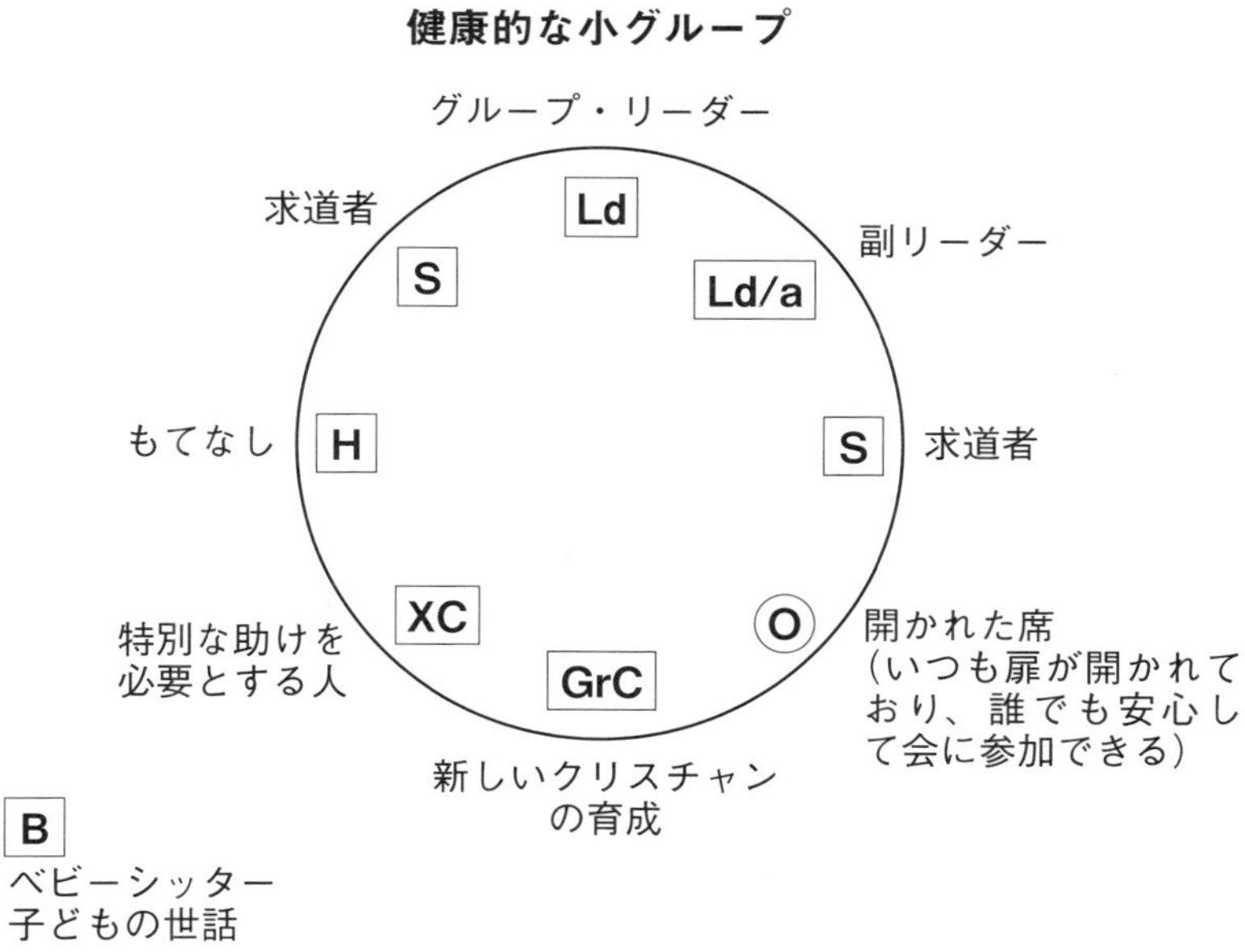

りは、同じような境遇を基礎にしています。このようなグループはお互いに支え合い、祈り合い、共に聖書を学ぶことによって、強制的にではなくより自然に近い関係を築く機会となります。

これらのグループは、道筋のグループまたは架け橋のグループと呼ばれることがあります。まずはこのような人間関係を築き、それから聖書の学び、教会へ、そこから教会で行われるより伝道的な集会へと続く道筋を提供します。これが本当の友情による福音伝道です。

第6章　小グループを理解する

ワシントン州バンクーバーの教会の安息日学校を訪ねたことがあります。教師はライオンのように歩き回りながら生徒を迎え入れ、私を歓迎してくれました。彼が言うに、「この教会にはいくつかスタイルの違うクラスがあります。このクラスではほとんど私が話をします。いろいろと調べることが好きなので、新しい情報やアイデアを共有しています。折角あなたがおいでになったので話を伺いたいのですが、今日は私が準備してきたものがたくさんあるので、あまり時間がありません。もし皆の話を聞いて、意見の分かち合いなどをされたいのであれば、向こうの部屋にどうぞ。聖句を読みながらそれぞれに得たことを分かち合っています。もし学びの体験をなさりたいなら、別の部屋で聖書の学びの小グループをやっています」

この教師は無意識のうちに聖書の知識を分かち合う二種類の基本的な方法について説明しています。(1) 教師を中心としたアプローチ（教訓的な方法）。(2) 生徒を中心としたアプローチ（帰納的方法）。

講義方式はより教育的な傾向を持っています。教師は知識、情報を教え、クラスの進め方を決め、何を強調するかも計画します。講義方式は情報や知識の強調を含んでおり、主に講義への参加、教師と生徒（まれに生徒と生徒）の相互作用を通して学習します。

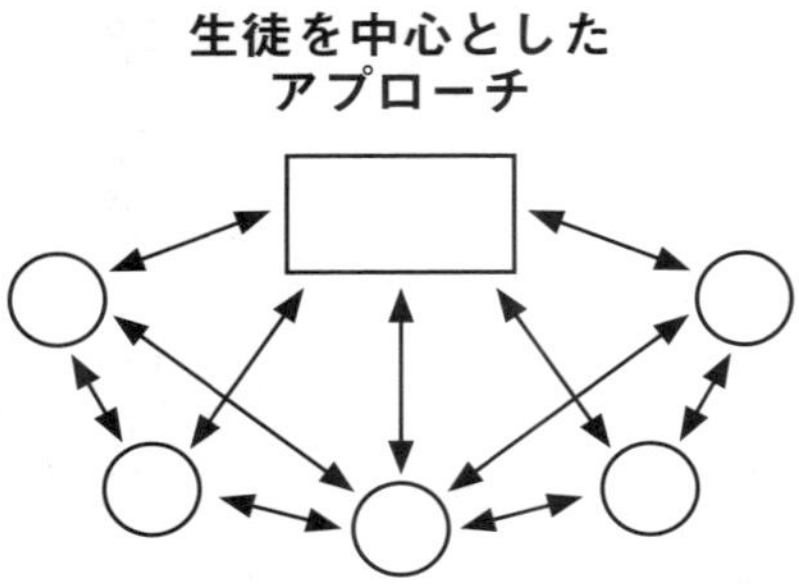

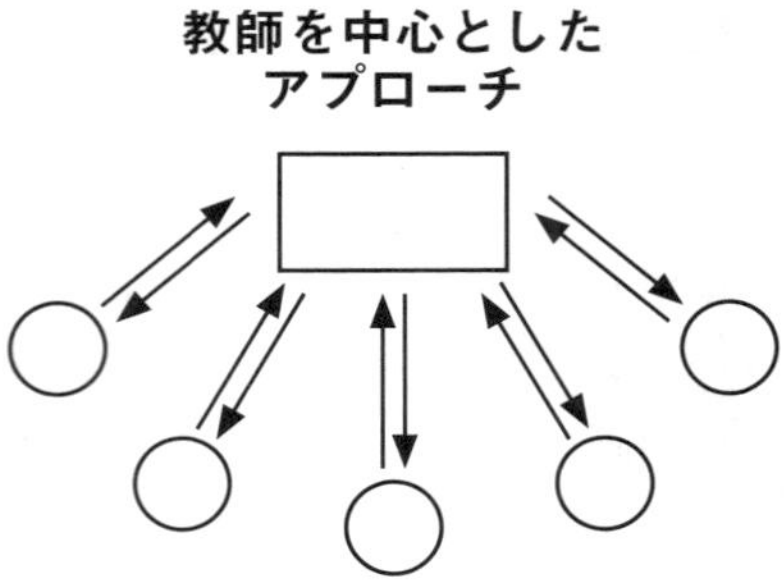

帰納的方法／生徒中心アプローチは発見による学習です。教師は知識を授けるというよりも、学びを促すリーダーとしての役割を担っています。リーダーは学ぶべきことについての情報などを準備しますが、それらをただ教えるのではなく、なるべく生徒が自ら答えを見いだすように導きます。このアプローチは生徒が教師から知識を得るよりも、学習の過程を通しての成長に焦点を当てます。

帰納的方法／生徒中心アプローチにとって個々の生徒が答えを導き出す過程が大切なのです。生徒はクラスに参加して他の生徒たちと交わり、意見交換などの相互作用によって自ら何を学ぶことが重要であるかを決めるようになります。

それではこの二つの方法は、教える、学ぶという実際の環境で、どのように作用するのでしょうか。

講義的なアプローチで、教師は以下を達成しようとします。

生徒の聖書の知識の程度を把握する。これから学ぼうとしていることに関して生徒がどの程度の知識を持っているか、教師は知っておく。

知識を伝える。生徒の知識の程度を把握したら、それに基づいて何を、どの程度教えるべきかを決める。

学ぶ意欲を引き出す。聖書の知識や原則は単なる知識ではなく、活かされなければなりません。教師がめざすのは、学んだことを生徒が日常の生活に適用できるようになることです。

行動を生む。教師は生徒にどのように神の言葉と応答すべきかの助言を与えます。最終的に生徒が人生を変える決断や決心ができるようになるのが目標です。

帰納的方法／生徒中心アプローチでの教師は……

基本的な質問から始める。一つの聖句から学ぶべき課題を決めたら、教師はディスカッションを引き出すような質問をし、ディスカッションを通して生徒がそれに関してどの程度の理解をしているかを把握します。

学びのための資料を提供する。生徒たちがディスカッションをしている間に、教師はその課題の理解を深めるために役立つ書籍、インターネットのサイト、聖句などを提供します。教師はその課題の答えよりも情報源へ導きます。

評価をして生徒を支援する。教師と生徒はその事実が人生や生活にどのような影響を与えるかを一緒に話し合い、考えます。もし何らかの結論に達したら、一緒にその結論の意味を評価します。

生徒の相談相手になる。生徒が結論や決心に至ったら、教師は彼らのそこからの道程の助言者となります。

上記で見たように、両方とも一定の共通点があります。両方とも同じ目標や結論、人生を変える聖書の真理をめざしています。ただその目標への道筋が違うだけです。ある小グループは両方を混ぜたアプローチを取り入れますが、大多数の小グループは帰納的方法／生徒中心アプローチを用いています。この方法では教師をグループ・リーダーと呼び、生徒をメンバーと呼びます。

左図は通常、学習と相互作用に用いられる三つのアプローチの図解です。

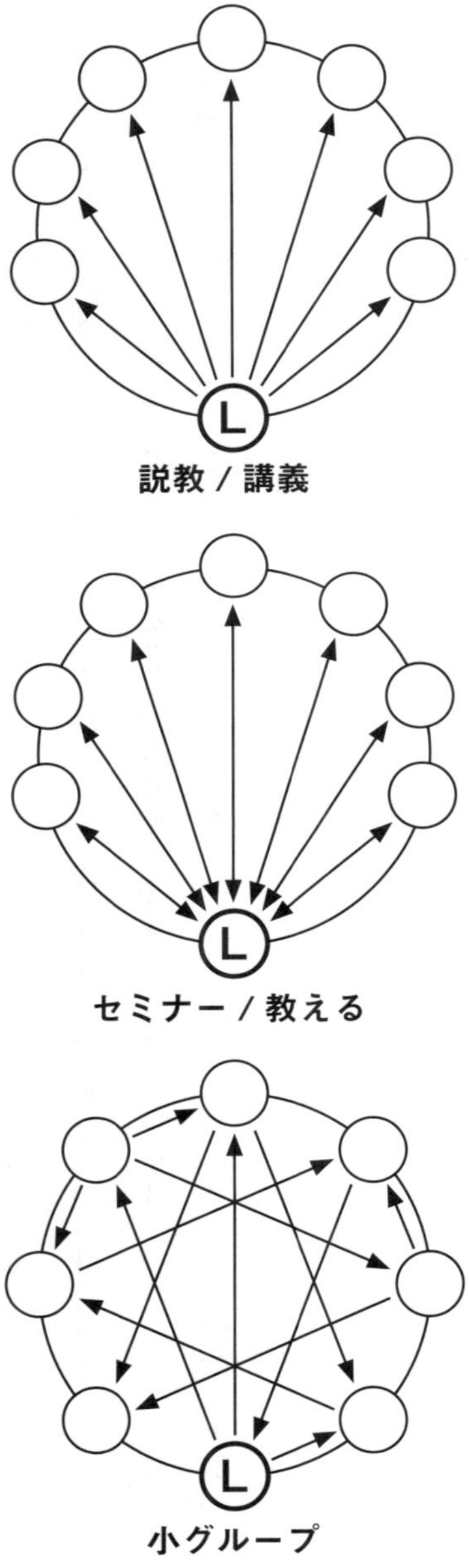

私は小グループで毎週ヨハネによる福音書を勉強しています。ヨハネ三ノ五のイエスの言葉「はっきり言っておく。だれでも水と霊とによって生まれなければ、神の国に入ることはできない」を皆で読んだので一つの質問をしてみました。

私「水と霊とによって生きる、とはどのような意味ですか？」

スティーブ「私たちは水に沈められるバプテスマを受けなければならないということじゃないかな」

ジャナ「私は赤ちゃんのときに水を振りかけられただけなんだけど、それって何か違うの？」

ディスカッションが続いたので、私はメンバーに、「バプテスマは興味深いテーマだね。それでは今週一週間聖書からバプテスマに関する聖句を見つけて来週それを持ち寄ってディスカッションを続けてみてはどうだろう？」と提案し、全員でそうすることにしました。

ところで私は、バプテスマについて説明し、必要な聖句の箇所を教えることもできました。しかしその代わりに私が用意したものは、次週まで取っておくことにしました。そうすることでメンバーが自分で聖書を研究し、学び、理解するようになるからです。このアプローチは時間がかかります。しかし自分で探って学んだことは、単に教えられたことよりも頭に残ります。

この発見する方法による学びは、教壇から教えられるのとは違います。違いの幾つかを挙げてみましょう。

1　小グループは教会や教室よりも、通常は家で持たれます。ときにはレストランやオフィスの休み時間などを利用して持たれることもあります。いずれにしてもあまり窮屈ではなく、リラックスした環境の方がうまくいきます。

2　椅子は教室のように列ではなく、輪に配置しますが、輪の外には椅子を置かないようにします。そうすると、グループの活気が阻害されます。リビングルームやダイニングなどもとても良いと思います。

3　グループは週に一回（一晩／日中の一回）、一時間から一時間半のミーティングを持ちます。重要なのは終わる時間は必ず守るということです。メンバーによっては、ミーティングの後に用事があるかもしれません。毎回延長していると、徐々に参加しづらくなります。

4　リーダーは講義を用意するよりも、グループのディスカッションを導きます。だからといって、用意を忘れてはなりません。あるリーダーは次にディスカッションする主題について勉強するのを忘れるという間違いを犯します。主題について理解していなければ、ディスカッションを導くことはできません。リーダーは必要に応じて教師という役も担う場合もあります。実際に、小グループには少なからず教育という側面もあるからです。それでもリーダーの主な役割は進行役であって、講演者ではありません。

5　学びの時間の焦点は、聖書的な知識を個人の人生や日々の生活にどのように適用するのか、どのように人間関係に活かすのかを学ぶことです。聖句と教義を学び、理解することはとても大切です。

しかしそれらを人生や日々にどのように適用するかということは小グループにおいてとても重要です。聖句を覚えるのは学びのためだけではなく、現実の生活のためなのです。

6　何かを決定するときは全てのメンバーがその件に関して自由に意見を言い合えるようにしなければなりません。しかし意見を強制的に引き出そうとしてはいけません。そうするとグループへの出席が億劫《おっくう》になってきます。大切なのは聖霊による心への働きかけの機会を失わないようにメンバーが参加し続けることです。

7　多くの小グループは十二人程度で構成されています。ときには十二人以上の場合もありますが、それは何のための小グループかにもよります。対照的に説教や講義スタイルはもっと大人数にも対応できます。

8　小グループにおいてメンバーの霊的な成長はとても重要なので、短い時間に多くの情報を与えすぎないように気をつけるべきでしょう。使徒パウロも次のように教えています。「兄弟たち、わたしはあなたがたには、霊の人に対するように語ることができず、肉の人、つまり、キリストとの関係では乳飲み子である人々に対するように語りました。わたしはあなたがたに乳を飲ませて、固い食物は与えませんでした。まだ固い物を口にすることができなかったからです。いや、今でもできません」（一コリント 三ノ一、二）。エレン・ホワイトも次のように記しています。「いつ、どんな場合でも、すべての真理を未信者に語らなければならないと思う必要はない。何を言い、何を言わないでおくかを注意深く計画しなければならない。これは、欺瞞《ぎまん》行為ではない。これは、パウロの働いたように働くことである」1

場所とリーダーシップ

場所　場所を選ぶことはグループの成功に極めて重要です。居心地が悪く、暑いか寒く、子どもやペットがうるさい場所はメンバーの気が散ります。ですから場所を慎重に選び、綿密な計画でその場所の用意をする必要があります。

*快適な雰囲気のリビングまたはくつろげるダイニングのテーブル。

*良い照明は学びを快適にし、温かい雰囲気をかもし出す。

*輪になって座れるようにすると、お互いに顔を見て話すことができる。

*なるべく邪魔が入りにくい場所を用意する。ペット、電話、テレビなどは学びを邪魔する。

*用意できるなら、子どもの世話をする場所があるとよい。メンバーの中でボランティアが順番に子どもの世話をするのもよい。

リーダーシップ　別の章でリーダーシップについて学びますので、ここではリーダーシップの役割を簡単に紹介します。小グループのリーダーはグループの目的を達成してゴールに導くために選ばれます。

リーダーは役割を果たすために……

＊小グループの副リーダー、メンバーになったら、リーダーシップ・セミナーなどに参加して訓練を受ける。

＊毎週の集まりの円滑な進行を行う。

＊毎週の集まりの状態を観察する。

＊リーダーは積極的に参加し、分かち合い、受け入れ合うことによってメンバーの模範となる。

＊グループの取り決め（契約／誓約）を成長させ、ゴールへ誘導する。

＊メンバーが会を欠席したらその理由を探り、もし何らかの問題を抱えているようなら支え、また出席できるように励ます（副リーダーも補助ができる）。

＊毎週、副リーダーや役員とグループのために祈る。

＊グループが積極的になるようにアシスタントを見つける。

＊リーダー会議に出席する。

副／アシスタント・リーダーは……

＊リーダーを支え、励まし、リーダーのために祈る。

＊リーダーが欠席した場合は、代わってグループを導く。
＊新しいメンバーの勧誘を手伝い、欠席しているメンバーを励まして支える。
＊子どもの世話や会の準備などを手伝い、その他細かいことなど必要があればリーダーに報告する。
＊扉の近くに立ってメンバーを迎え入れる。
＊メンバーが洗面所や電話を探していたらその場所を教える。
＊リーダー会議に出席する。
＊グループを導く訓練を受け、将来に備える。

ホスト／接待役（家の場合はそこの家人など）は……
＊くつろげる家または場所を提供する。
＊集会の部屋の椅子を並べ、室温を調整し、必要であれば飲み水などを用意する。聖書、メモ用紙、筆記具などの用意もしておく。
＊メンバーが来たら部屋に招き入れる。
＊メンバーが洗面所や電話を探していたらその場所を教える。
＊会の進行を妨げる玄関の呼び鈴、電話、ペットなどに素早く対応する。
＊飲み物やその他の必要品の準備、足りているかなどを観察してすぐ対応できるようにしておく。

これら三つのタイプのリーダーシップは小グループの成功に欠かせません。しかし何よりも霊的な準備が全てに勝って重要だということは言うまでもありません。最も経験のない人であっても、聖霊の助けがあるなら大きな力を発揮することができます。そのグループの霊的な成功はリーダーの能力や影響力ではなく、メンバーが自ら進んで神の力に身を委ねるかどうかにかかっています。

グループの約束事／合意事項

グループは、グループの集まりとメンバー同士の関係に何が期待されているかを理解することが不可欠です。ですからグループを始める前に約束事を決めておくのは大切で、そうすることによって後々の多くのトラブルを回避し、問題が起きたとしても解決を容易にすることができます。約束事や誓約はグループのメンバーに期待されていること、それぞれの責任を明確にすることでグループへの関与を強め、グループの成功と目標の確立の基礎となります。

初回ミーティングはメンバーがお互いに知り合えるようにし、リーダーはグループの基本的なことを説明し、次回のミーティングで話し合われる主題や内容について案内をします。

二回目のミーティングで扱われる主題／内容には、

＊グループは安全な場所である。お互いをそのまま受け入れる。

＊誰も意図的に困るような立場に置かれない。人前で話す、祈る、読む――これらは自発的に手を挙げ

た人に頼みます。リーダーはメンバーに順番に役割を振ってはいけません。但し、グループ全体でそうすることを了承していれば別ですが、それもメンバー同士の関係が築かれてからにすべきです。もし強制的に役が振り当てられると、まだ馴染みのない人は会への参加を躊躇《ちゅうちょ》するようになります。

＊グループの目標はそれぞれの経験や体験を分かち合うことです。そこからメンバーが増え、副リーダーのもとに別の新しいグループが発生するようになるでしょう。

＊基本的なルールとして、集まる日にちや曜日、開始時間と終わる時間、子どもの世話の有無、そのグループの活動期間（何ヶ月／何年）、欠席をする場合は必ずリーダーに連絡する（欠席がわかっていれば、その人を待たずに会を始められる）、その他リーダーやメンバーに意見や提案があれば取り上げる。

＊小グループの四つの基本である分かち合い、学び、祈り、伝道のそれぞれに割り当てる時間を決めておく。

＊グループがある程度進んだ時点で、どのように新しいメンバーを招き入れるかを話し合っておく。

これらのことを話し合って合意したら、メンバーはこれらの取り決めを尊重し、リーダーはその取り決めが滞りなく守られるように導きます。どのように取り決めをしたらよいかの一例を紹介してみます。

全ての小グループそれぞれに性格があり、それはグループとは違う個性となります。

グループの合意事項

グループの種類 ＿＿＿＿＿＿＿＿　目的 ＿＿＿＿＿＿＿＿

集会場所 ＿＿＿＿＿＿＿＿＿＿＿＿＿＿＿＿

週日 ＿＿＿＿＿　開始時間 ＿＿＿＿＿　終了時間 ＿＿＿＿＿

私たちのグループの活動予定期間 ＿＿＿＿＿（ヶ月）

週ごとの予定は ＿＿＿＿＿＿＿＿＿＿＿＿＿＿

個々に必要な準備（グループ内の活動のみ／グループの外で）

＿＿＿＿＿＿＿＿＿＿＿＿＿＿＿＿＿＿＿＿＿＿

グループ・リーダー（氏名）＿＿＿＿＿＿＿＿（☎）＿＿＿＿＿＿

副リーダー（氏名）＿＿＿＿＿＿＿＿（☎）＿＿＿＿＿＿

接待役（氏名）＿＿＿＿＿＿＿＿（☎）＿＿＿＿＿＿

私たちがグループに期待することは……

1. 新しいメンバーに常に開放されている
2. ＿＿＿＿＿＿＿＿週間開放する

私たちのグループに更に加えるべき要素

＿＿＿＿＿＿＿＿＿＿＿＿＿＿＿＿＿＿＿＿＿＿

私たちは以下の基本的原則に同意します。

1　私は会を時間通りに開始するために最善を尽くします。もし欠席する場合はリーダー又は他のメンバーに欠席の旨を知らせます。

2　私たちはグループにおいて積極的な経験が得られるよう、可能な限りリーダー及びメンバーに協力します。

3　私たちは自分の考えや意見を皆と分かち合いますが、同時に他のメンバーの考えや意見に積極的に耳を傾けます。

4　私たちは個々に違いがあることを尊重し、その違いを正すことはしません。人を変えるのは神の責任です。私たちの責任は互いに愛し合い、思いやり、受け入れ、敬意をはらうことです。

5　グループ内で分かち合った内容は口外しません。

6　その他 ＿＿＿＿＿＿＿＿＿＿＿＿＿＿＿＿

＿＿＿＿＿＿＿＿＿＿＿＿＿＿＿＿＿＿＿＿＿＿

さて、合意事項を実際的なものにする幾つかのヒントを挙げてみましょう。

1　これから結成するグループのタイプ（交わり、支援、祈り、アウトリーチ、その他）について話し合いましょう。タイプは何のためにそのグループが存在すべきか、何に焦点を当てるかによって決まります。

2　グループの目的は、グループのタイプを見極めてから決めましょう。例えば、悲しみからの回復グループは愛する人を失ったメンバーの支援です。聖書の学びグループなら、聖書を通して神がメンバーの日々の生活にどのように変化をもたらすかの理解を助けます。

3　グループは集まる日にち、曜日と時間を決めます。そうすることで参加者は安心して集会に参加しやすくなります。ある教会では全てのグループの活動を同じ曜日、同じ時間にしようと試みています。しかしそうすることが参加者に積極的、それとも否定的な影響を与えるかを注意深く検証する必要があります。いずれにしても、開始と終了は時間通りであるのが基本です。ある人は朝早く仕事に出かけますが、そのような人は夜遅くからの集いに参加することはできません。

4　活動内容の分配について話し合っておきましょう。分かち合い、学び、祈り、グループとしての伝道活動のそれぞれにどれほどの時間を用いるかを決めましょう。これは、すべてのメンバーが受け入れることのできる時間配分のバランスを保証し、リーダーがスケジュールを維持する助けとなります。多くのグループの毎週の集まりは二時間以内ですので、活動できる時間は限られています。

グループを再編成する場合、どれくらい前から会って話し合う必要があるかを決めておきましょう。私は全ての教会員がいずれかの小グループに属するのがよいと考えています。しかし定期的に、例えば課題としていた学びが終わったとき、メンバーに他のグループに移る時間を与えましょう。ただし新しいメンバーが加わってグループが成長して、そこから新しいグループが産み出されるというサイクルが定着しているなら、メンバーの移動は当たり前になります。グループが成長して、そこから新しい次のグループが産み出されるというのは、グループが移行していく最も健康的な形です。

5　グループは活動の一部に宿題を入れる是非について話し合っておくべきです。もし準備のために個人の時間を取らなければならないとすると、グループへの参加を躊躇《ちゅうちょ》したくなる可能性もあります。このことについて率直に話し合うのがよいでしょう。

グループの合意事項について話し合って同意したなら、メンバーはグループの当事者となり、リーダーはそれを実行に移して確実に行う責任があります。合意事項はグループが成長して新しい段階に進むことについて話し合う基礎にもなります。

リーダー会議

小グループの成功に欠かせないもう一つのことは、定期的なリーダー会議です。特に新しい小グループがスタートした最初の数週間は毎週のリーダー会議がとても重要な役割を持っています。グループが落ち着いてきたら、リーダー会議を月に一回にしても大丈夫です。リーダーはグループのために時間を費やしすぎないように気をつけましょう。リーダーが過度の負担を負うと、やがて燃え尽きてしまいます。常にバランスを取りながら役を果たすようにしましょう。

リーダー会議の目的は、(1)未来像を形にして構築する。(2)技術を学ぶ。(3)アイデアや問題を分かち合う。共に祈り、報告し合う。リーダー会議とそのさまざまな役割に名前が付けられています。もっとも代表的な名前はVHSで、これはvision(ビジョン/未来像)、huddle(集まって協議する)、skill training(技能の訓練)の頭文字を取ったものです。牧師と取りまとめ役(教会員)もそこに参加します。牧師は未来像の構築について毎月説明しますが、そうすることによってリーダーと牧師は同じ働きを続けることができます。報告はリーダーによってなされ、訓練は牧師、リーダー、講師などによる指導、ビデオや書籍などを用いての話し合いなどによってもできます。

リーダー会議はリーダーを支え、喜びを分かち合い、グループが抱えている問題について一緒に考え、共に祈り合う機会となります。もし定期的なリーダー会議が行われなくなったら、ほぼ確実にリーダーの士気は落ち、教会の伝道の進展は鈍ります。ですからこの会議をおろそかにしてはいけません。場合によっては他のプログラムを延期してでもグループの成功の鍵であるこの会議に時間を割くべきです。

(本章の終わりに、毎月のリーダー会議に用いる報告用紙のサンプルを掲載してあります)

リーダーシップの仕組み

もしあなたの教会に一つか二つのグループしかなかったとしても、最初からリーダーシップの仕組みを作っておくことはとても大切です。そうすれば教会が成長してグループの数が増えても、その仕組みを応用することができます。そのたびに仕組みを作り直す必要がありません。

下記は簡単ですが、実行可能なスタッフの構成です。

＊牧師　ビジョンを与え、支援する。

＊全体プログラムの取りまとめ／進行係（コーディネーター）としての信徒リーダー。

＊信徒リーダーのアシスタント。

＊コーチ／アシスタント　最大十グループを監督するリーダーの役目。

＊個々のグループのための小グループ・リーダーとアシスタント。

どのポジションにも「副」がいて、将来に向けてのトレーニングを受けています。

仕組みを図解すると……

牧師と信徒コーディネーターは全ての小グループに目を配ります。教会の中を幾つかに区切ります。

コーチ（信徒）とアシスタントは最大十の小グループを監督します。小グループ・リーダーとアシスタントは一つの小グループ（一つのグループのメンバーは最大十二人）を指導し、取りまとめます。それぞれの組織のレベルでリーダー会議を定期的に持ち、支援や問題解決についての話し合いを行います。小グループの支援組織が定着したら、牧師はリーダーが神から与えられた責務を果たすことを信じて任せます。

牧師はどのように小グループ伝道を始めるか

1　リサーチ。小グループの原理・原則に精通するために聖書の学び、教会史を読み、小グループに関するビデオや書物、経験者からの話などを聞いて研究する。

2　小グループ・訓練セミナーに参加し、小グループ伝道を行っている教会を訪問する。

3　神に、小グループに関して同じ使命とビジョンを持ってい

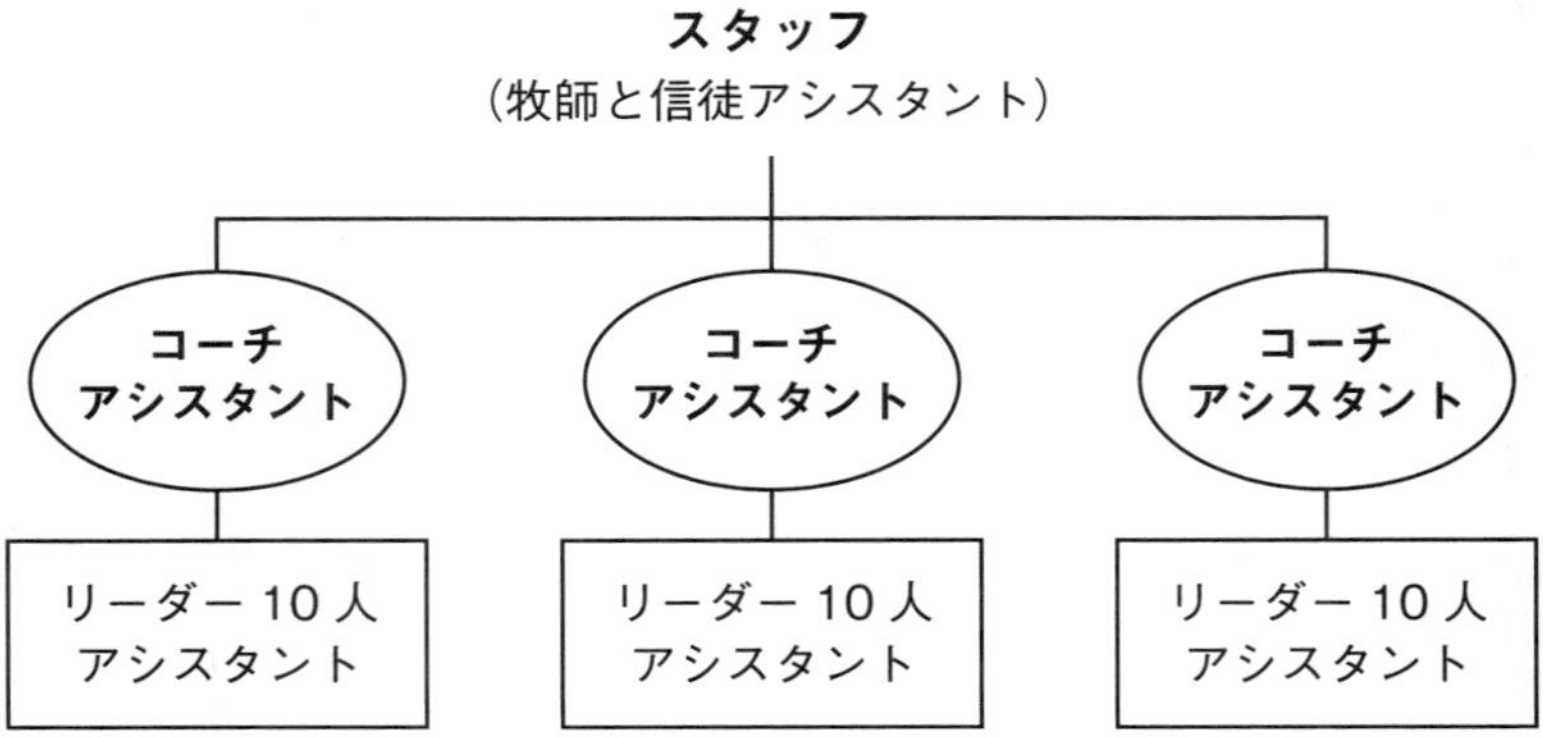

る仲間が与えられるように祈る。そのような人物が見つかったら、その人を会に招いてお互いのビジョンについて意見を交わす。そのような人が多くいても一度に十人以上は招かず、さらに偶数人を招くのが好ましい。

4　最初の会ではまずあなたのビジョンについて説明し、それから四週間週一回の集まりを持つが、そこでは小グループの原則、基本について教えながら手本となる小グループを実践してみせる。

5　四週間が過ぎたら参加者一人ひとりに、小グループ伝道の一員として神から召されているか祈って決めるように問う。もし十人のうち六人が召しを受け入れたとすると、彼らを二人一組にする。各組の二人はやがてリーダーと副リーダーとなる。各組の二人に教会員を二、三人ずつ自分たちの組に招かせ、三週間ほど集まりを持たせる。

6　三週間の集まりが終わったら各グループのリーダー、副リーダーと一緒に近隣への本格的な小グループを始めるための計画を練る。

7　新しいグループには彼らがリーダー、副リーダーとなり、同様のことを繰り返してグループを増やしていく。

8　小グループ伝道が始まったら、牧師は聖書からグループの原則と機能について説教をする。小グループの証し、祈りのリクエストなどを礼拝に取り込む。そのことによって他の教会員の目も開かれる。

9　興味を持っている人たちを呼び起こすために、教会案内、週報などに小グループの集会の日にち、時間、場所、グループ名、リーダーの名前を入れるようにする。

10　新しく立てられるリーダーのために安息日に会衆の前で献身の祈りを捧げる。

11　小グループ・セミナーを定期的に持って教会員を訓練する。

12　リーダー会議を引き続き持ち、続けてリーダーたちを支援する。

13　刈入れの集い、バプテスマ・クラス、個人との聖書研究、その他、小グループの参加者のキリストへの献身の助けとなるプログラムを提供する。

14　小グループ伝道を教会の中心的な活動に据え、なるべく役員会などの会議を減らして小グループに時間を割けるように工夫することは、伝道の成功に大きな意味を持つ。時間は限られており、教会員全ての必要を満たすことはできない。そのために優先事項を決めることが、結局は教会員への益となる。

信徒リーダーはどのように小グループを始めるか

1　始めたばかりと、すでに活動しているグループについて研究する。神からの知恵と導きが聖霊を通して与えられるように真剣に祈る。

2　牧師と面談し、家で小グループ伝道を始める希望があることを伝え、祈りと助言と支援を求める。

3　小グループ訓練セミナーに参加し、関連する書籍や資料を学ぶ。
4　同じ志を持つ教会員をアシスタントとして選び、定期的に集まって一緒に神の導きを求め、小グループのプランを練る。
5　もし自宅以外で会合を持つ必要がある場合は、他のメンバーに彼らの家を使用できるか尋ねる。
6　あなたのグループへの参加が見込まれる人たちのリストを作り、グループへ加わるように招く。
7　リーダーと副リーダー（アシスタント）は月に一回は牧師と集まり、グループについて報告し、質問などがあれば質問し、一緒に祈ってもらう。
8　機会があれば土曜日に、教会員に小グループの証しをする。
9　次のリーダーやアシスタントを募り、彼らを毎月の牧師との会合に加える。
10　小グループの成長に伴い、聖霊の力をさらに求める。

最近、私はある小グループからメールを受け取りました。彼らは近隣の小グループと一緒になって聖書の学び小グループを展開している最中でした。スーザンは自分のアパートに隣人たちを招いて聖書の学び小グループを始めました。ほとんどの隣人は彼女の家からすぐの所に住んでおり、彼らも知り合いをそのグループに呼んできたので、グループは徐々に成長してきました。そこから二つのグループが生まれました。彼女の始めたグループはもう彼女の家では収まらず、近くの公民館に場所を移しました。

やがてイエスを受け入れて献身し、バプテスマを受けるメンバーが出てきました。共に祈り、親しみやすく、他の人を励ますメンバーはグループの成長への力となります。ちょうどスーザンとそのグループがそうだったように……。

小グループ週報

グループ＿＿＿＿＿＿　分野＿＿＿＿＿　集会の日付＿＿＿＿＿
リーダー＿＿＿＿＿＿　副リーダー（アシスタント）＿＿＿＿＿＿
接待役＿＿＿＿＿＿　場所＿＿＿＿＿＿＿＿＿＿＿

出席者名

1 ＿＿＿＿＿＿	11 ＿＿＿＿＿＿
2 ＿＿＿＿＿＿	12 ＿＿＿＿＿＿
3 ＿＿＿＿＿＿	13 ＿＿＿＿＿＿
4 ＿＿＿＿＿＿	14 ＿＿＿＿＿＿
5 ＿＿＿＿＿＿	15 ＿＿＿＿＿＿
6 ＿＿＿＿＿＿	16 ＿＿＿＿＿＿
7 ＿＿＿＿＿＿	17 ＿＿＿＿＿＿
8 ＿＿＿＿＿＿	18 ＿＿＿＿＿＿
9 ＿＿＿＿＿＿	19 ＿＿＿＿＿＿
10 ＿＿＿＿＿＿	20 ＿＿＿＿＿＿

（各人に符合をつける）　L= リーダー　AL= 副リーダー（アシスタント）
H ＝接待役　V ＝来訪者　RV= 再訪した来訪者　R ＝定期的な参加者
M ＝その地域のメンバー　N= 他の地域からのメンバー　NS=SDA 信徒ではない

集会の開始時間＿＿＿＿＿＿　終了時間＿＿＿＿＿＿

使用したもの
プレイズ系賛美歌？＿＿＿＿　会話の祈り？＿＿＿　空けた椅子？＿＿＿

今週のグループでの体験や経験を評価すると？（1 ～ 10）
評価が 5 以下の場合、理由は？
牧師と面談したいですか？

＊この紙の裏に次の中で該当することを書いてください。
(1) 良かったこと　(2) 問題を感じたこと
(3) 牧師が知っておくべきこと――私自身またはメンバーについて
(4) 聞かれた祈り

（訳者注／「空けた椅子」とは小グループが輪になって祈るときに輪の中心に空いた椅子を置いて、これからその椅子に座ることになるかもしれない新しいメンバーのために祈る）

第7章　本格的に動き出す

ジェニファーが小グループに参加した最初の晩はひどく緊張しました。彼女は何を言うべきか、言うべきでないか、よくわからなかったのです。他の人を傷つけないようにとても気を使いました。また恥をかきたくありませんでした。

そこで一生懸命に祈り、深呼吸をして小グループの集会を始めました。集会は思いの外スムーズに運び、そこからジェニファーの働きは本格的に動き出しました。

初めての集まりをあなたは何と言って始めますか？　どのように人をグループに招き入れますか？

初めての人を招く

小グループの成功の大きな鍵は、知り合いや面識のある人を招き入れることです。あなたの隣人、仕事仲間、親戚、かかりつけの歯医者、行きつけの店の店員、いつもの美容師、その他の知り合いはどうでしょう？

招待は訪問、電話、手書きの招待状などさまざまな方法が考えられます。もう少し機械的なやり方としては、どのようなグループかを紹介した宣伝チラシを配り、まず一晩でも集会に参加するように呼びかけます。また、各メンバーの家の入り口などに小グループのポスターを掲示する方法もあります。

私の経験から言うと、和らいだ感じであまり押し付けがましくない呼びかけがいちばん有効です。例えば、「□□さん、今度の火曜の夜に私の家で小グループの集まりがあるんだけど、よかったらいらっしゃいませんか？　皆で一緒にイエス様の生涯と福音について学び、それを日々の生活にどう活かせるか話し合っているので、あなたが加わってくれたらとても嬉しいです。まずは試しと思って火曜日に来てみて、もし役に立ちそうだと感じたら続けてもいいし、あまりしっくりこなかったら続けなくても大丈夫ですよ」。そして招待状を渡しましょう。

招待状

簡単な個人的な招待状を用意しておいて、いつでも渡せるようにしておきましょう。

個人的招待状の次に良い方法は、電話をかけて個人的に招待

招　待　状

私たちの小グループにご招待致します。
ご参加をお待ちしています。

こんなことを話し合っています

＿＿＿＿＿＿＿＿＿＿＿＿＿＿＿＿＿＿＿＿

日付 ＿＿＿＿＿＿＿＿　開始時間 ＿＿＿＿＿＿

場所（住所）＿＿＿＿＿＿＿＿＿＿＿＿＿＿＿

電話番号 ＿＿＿＿＿＿＿＿＿＿＿＿＿＿＿＿＿

メールアドレス ＿＿＿＿＿＿＿＿＿＿＿＿＿＿

することです。電話で友人や隣人を招待するときも招待状を渡したときのような言葉をかけてみましょう。電話をした後に手書きの招待状を郵便かEメールで送りましょう。

経験によれば、郵便で招待状を受け取った人の方が小グループに出席する可能性が高くなります。それは曖昧《あいまい》な招待ではなく、実際に手に受け取る確実なものだからです。手書きの招待状は手間をかけてでも招きたいというあなたの熱意が伝わります。

庭や玄関前の案内看板

もしあなたの家や、集会の場所がわかりにくいところにあるなら、玄関や通りから見えるところに看板を出すとよいでしょう。特に小グループで集う日の開始時間前に出しておきましょう。こんな看板はどうでしょう？（上記参照）

聖書を学ぶ集まり！

火曜日　午後７時から

どなたも大歓迎！

歓迎のポスター

玄関前や庭に看板を出すのに気がひける場合があります。その代わりにパソコンでポスターを作成して玄関の扉に貼ることもできます。それならゲストが来たときでもここで集まりがあるとすぐにわかるので、玄関の呼び鈴を押すのにドキドキする必要がなくなります。ポスターの内容はなるべく簡潔にしておきましょう。

チラシとハガキ

教会によっては小グループへ近隣の人を招くのにチラシやハガキを用いています。招待状には小グループのテーマ、日時、場所の情報を入れます。もしこの方法を取り入れるなら、小グループの集まりを自宅、学校、教会の集会室など場所を変えながら持つのがよいでしょう。チラシには連絡先の電話番号、参加申し込み方法も入れておきましょう。

＊＊＊＊＊＊＊＊＊＊＊＊＊＊

□□□□

小グループに

ようこそ！

フレッドと
サリーの家です。
ご自由に
お入りください。

＊＊＊＊＊＊＊＊＊＊＊＊＊＊

もし誰かが小グループへ参加の電話をかけてきたら、その人の場所からいちばん近い小グループに誘導しましょう。初めての参加者にはフォローアップとして小グループに関する詳細な説明を手紙で送り、さらにグループ・リーダーが訪問するか、電話をするとよいでしょう。

数年前にビルがこんな話をしてくれました。ビルは教会が小グループの宣伝チラシをその町の全家庭に送りました。そのために小グループのために場所を提供するいくつかの家庭を用意し、教会の集会室を使う小グループもいくつか組織されました。チラシには「小グループのスポンサーはセブンスデー・

アドベンチスト教会です」と明記しました。ビルの隣人はチラシに出ていた黙示録の研究の小グループに興味を示しました。この隣人はビルがアドベンチストだと知っていたので、彼はビルの家に訪ねてきてチラシを見せながら、「あなたの家でもこの集まりをやりますか？　もしそうなら是非とも参加してみたいのですが、来てもいいですか？」と聞いてきました。ビルは少々すまなそうに、「いや～、実はうちではやらないんです」と答えると、隣人が、「もし私が来るならやってくれますか？」とさらに質問してきました。

ビルはそれ以来、小グループのリーダーとなって伝道しています。

小グループを育てる

全てのグループは最重要点を福音伝道にする必要があります。そうしなければ小グループは単なる仲間グループまたは閉ざされたグループになり、ゲストは邪魔者にしかなりません。

それでは、新しいグループを始めるにはいくつかの方法があります。

1　空いた椅子の原理　グループで集まり、円になって座るときに、必ず誰も座っていない空いた椅子を置いておきます。その椅子は次の集まりで新しい参加者が座るためです。メンバーは次の集まりまでのあいだに、その椅子に座る人を神が送ってくださるように祈ります。この繰り返しによって人数が増え、グループの数が増えていきます。私が最近参加したグループでは、円になって座るその真ん中に空いた椅子を置き、メンバーは一緒になってこれから招こうとする人が神様に導かれるように祈っていました。そうすることによってメンバーは誰を招くべきか、招く人がいるかと考えるようになります。

２　スケジュール、場所が合わない　グループが集まる曜日や時間、または場所によってはあるメンバーの都合が合わずに参加できなくなることがあります。そのような機会に新しいグループを始めることができます。

３　興味、友人、以前の仲間　教会に興味を持っている人、最近バプテスマを受けた人、教会に訪問してきた人、仕事仲間、その他思い当たる人を誘いましょう。

４　聖書研究をしている生徒　小グループのメンバーとしてあなたの生徒も招きましょう。

５　フォローアップ　以前に小グループに参加していた人、一緒に聖書の学びをしていた人を招きましょう。この方法は特に有効です。

６　小さくスタート　もし一人でも聖書を学びたいという人がいれば、小グループを始めることができます。小グループはたった二人からでも始めることができることを忘れないでください。少人数だからというのは言い訳にはなりません。聖霊と個人的な招待状はあなたのグループを成長させます。

集会の最初の夜

集会の最初の夜、あなたはリーダーとしては少なからず緊張するでしょう。それは当然のことですが、あなたは神の子であることを覚えておきましょう。神はあなたに神のことを伝えるようにと求めています。神に召されたのであれば、神が力を与え、緊張をほぐし、言葉を与えてくださいます。私の三五年にわたる公衆伝道の経験から、神の働きは必ず勝利すると証言できます。力づけてくれる二つの聖句を紹介します。

「どんなことでも、思い煩うのはやめなさい。何事につけ、感謝を込めて祈りと願いをささげ、求めているものを神に打ち明けなさい。そうすれば、あらゆる人知を超える神の平和が、あなたがたの心と考えとをキリスト・イエスによって守るでしょう」(フィリピ四ノ六、七)。

「神は、おくびょうの霊ではなく、力と愛と思慮分別の霊をわたしたちにくださったのです」(二テモテ一ノ七)。

副リーダー、アシスタント、または接待役がいるなら、最初の集会の前に会って打ち合わせをします。まず部屋の用意が整い、その他の準備が済んだら共に祈りましょう。基本的な準備は次の通りです。

＊外回りのライトのスイッチを入れる。
＊「ようこそ!」の紙を玄関の扉に貼る。
＊椅子を多めに用意して円形に並べる。

＊聖書を多めに用意する。
＊聖書の学びのガイドと筆記具を十分に用意する。

皆がくつろいだ雰囲気で集会を始められるようにすることが大切です。例えばこんな始め方はどうでしょう。

「今夜は皆さんのご参加を感謝いたします。ご存じのように、家の小グループですので楽しく交わりながら、聖書が日々の歩みにどのような力を与えてくれるかについて学びましょう。どうかくつろいで、いつも通りにしていてください。意見を求められても、無理に発言をする必要はありません。

この中には今まで一回も聖書を学んだことがない方もおられますが、全く構いません。誰にでも初めてがあり、そこからスタートしています。聖書の章や節がわからなかったら遠慮なく尋ねてください。

私がお手伝いします。私もいろいろな人に助けられて聖書を開けるようになりました。集まりの中でお祈りをささげますが、まずは私がします。どなたでもお祈りしてくださる方がいればお願いします。聖書を読むこともありますが、もし読むのが恥ずかしかったら無理に読むことはありません。読む人がいて、読まない人もいる。それでだいじょうぶです。皆それぞれに違いがあり、違いがあることも大切ですので、決して無理をしないようにしましょう。

それではまず初めに、お互いに紹介し合いましょう。私がどれくらい名前を覚えているか試してみます。私の横に座っているのがスーです。スーは私の家の隣に住んでいて、数年前から仲良くしてもらっています。その次がデイブで長年の友人です。デイブの向こうがトム。トムとは先週食料品店で会ったときに初めて話し、今夜の集会に招待しました。その次がドリス。彼女は仕事仲間です。

さて、皆さんはお互いの名前を覚えましたか？　それでは忘れないように、数分間それぞれに紹介し合ってみましょう」

ここでお互いに親しくなるための時間を少し取り、そして次のように続けてみましょう。

「来週の集会の時にこのグループで何をするかの説明をしますが、今夜は一応簡単な説明をしておきます。まず集まりは基本的に三つの部分から成っています。まずは「分かち合い」と呼ぶ時間から始まります。ここではそれぞれの一週間の出来事を分かち合いますが、お互いをよく理解するための質問などをして話し合うこともあります。次に「学びの時間」です。このグループでは聖書の他に十三課からなる学びのガイドを用いますので、一通りの学びをするのに約三ヶ月かかります。そして最後に個人的な必要や懸念していることなどについて話し、そのための祈りの時間を持ちます。先にもご説明しました通り、私かアシスタントのデイブがお祈りをしますが、もしお祈りをしたい方がいればどうぞ自由にお祈りしてください。ここまでで何か質問や意見がありますか？

それでは始めましょう。実際に経験した方が説明したほうが理解しやすいと思います。次の週は、今後どこで、いつ集まり、集まりの時間の長さ、集会の形式について皆さんの意見を伺います。できる限り皆で考え、一致した方法でこのグループを進めていきたいと願っています」

このように始め、次週にグループの約束事について話し合えるようにしておきましょう。最初の数回はなるべくくつろいだ雰囲気を大切にし、同時にそれぞれの意見が重要であることを周知しましょう。鍵は「祈り」です。最善を尽くし、友好的な雰囲気と笑顔を絶やさないようにしましょう。

二回目の集まり

先週に引き続いて来たメンバーを歓迎し、もし新しい参加者がいたら皆に紹介しましょう。先週話したことを復習し、グループの約束事（合意事項）の紙を全員に渡して内容を一つ一つ説明しながら、個々で書き入れるようにしましょう。リーダーによっては約束事（合意事項）の紙を渡さず、まず皆と意見交換をしてから用紙を配ります。他のリーダーは用紙も配らず、口頭で説明し、口頭で約束の確認を取っています。

次の項目について、必ず話し合っておいてください。

１　グループが集まる日にち、曜日

２　集まるのに都合のよい時間

3　分かち合い、聖書の学び、祈りのそれぞれへの時間配分

4　グループで会う以外に、準備や宿題を求めるか?

その他に、欠席する場合は連絡する、どのように新しいメンバーを招いてグループを成長させるかなどについても話し合っておきましょう。そして参加者の氏名や電話番号を書いてもらい、リーダー、アシスタント、接待役の連絡先を教えます。

新しいメンバーの中には聖書に馴染みがない人もいるでしょうが、「聖書入門の説明が必要な人はいますか?」などと問いかけず、最初からそのような人がいることを想定しておきましょう。まず聖書を開いて見せ、聖書が幾つもの本から成っていて、それぞれの書簡が何ページから始まっているかを説明しましょう。さらに聖書が旧約と新約に分かれていること示し、それぞれの書簡の章と節をどのように検索するかという方法も教えましょう。

しばらく集まりを続け、皆が打ち解けてきたら、リーダーは会話の祈りの概念について説明しましょう。人前で祈るときにどんな言葉を使えばよいのかわからない、変なことを言わないだろうかなどと緊張するものです。もしそのような緊張が強いられると、一緒に祈るというグループの基本が忘れ去られてしまいます。グループ・メンバーには誰もそのような要求はしないことをはっきりと伝えましょう。もし自発的に祈りたい人がいれば、大歓迎です。大切なのは開かれた心で神に話しかけることです。

それでは、共に祈ることをグループに教えるためのガイドラインを挙げてみます。

１　祈りの模範　どう祈るかの模範を最初にリーダーが見せ、その後にメンバーが続けて祈ります。しかしその前に祈りについて簡単な説明があるとよいでしょう。一人の女性が自分の抱えている問題について話してきました。そこで私は一緒に祈ってもよいかと尋ねました。彼女が了解したので、頭を垂れて一言二言祈り始めると、彼女が急に祈りを止めたのです。私が目を開けて彼女を見ると、少々いぶかし気にこちらを見ています。そして、「カート、祈るときにどうすればいいの？　今まで人前で声を出して祈ったことがないの」と聞いてきました。そこでどのように祈るかをゆっくりと説明し、もう一度目を閉じて祈りに戻りました。祈りが終わると彼女は一言、「こんなに素晴らしいことをしてもらったのは初めて」だと。全ての人が祈りを知っていると思ってはなりません。

２　祈りのリクエストは短めに　個人の祈りのリクエストに応えるのに時間を使い過ぎないようにしましょう。グループ全体の必要のために祈りましょう。もし祈りのリクエストが他の人と同じだったら、その人の祈りの後に「アーメン」と言うだけにしましょう。

３　簡潔に　一緒に祈ることを学んでいるときは主題を絞りましょう。あるグループでは三つの祈りをささげています。まずメンバーは神への感謝と賛美の祈りを捧げます。次にグループ以外の友人、出来事、情勢などについて。そしてメンバーの必要、家族、自身、メンバーの仲間などについて祈ります。

４　空いた椅子　祈りの輪の真ん中に置かれた空いた椅子に座るべき新しいメンバーが与えられるように祈ります。

5　主の祈り　グループは主の祈りを一緒に唱えて祈りを閉じることができます。そうすることでメンバー全員が声を出して祈る体験ができます。「主の祈り」を覚えていない人のために、書いた紙を用意しておきましょう。

（小グループでの祈りについては、第5章「小グループの基本」を復習してください）

グループ内部のトラブル

もし何の問題も起こらなければ、こんなに素晴らしいことはありません。しかしどんなに素晴らしい家族でも問題が起きるように、小グループでも争いや衝突は起きます。もしあるメンバーが人生における問題を分かち合うと、それに対してあるメンバーは肯定的な、他のメンバーは否定的な経験をしているため、慰め、理解、助けを必要としているかもしれません。グループは違った個性を持った人たちの集まりなのですから、その個性がぶつかり合うことは避けられません。

以前のことですが、友人のデイブ牧師から電話がかかってきて、彼の教会のあるグループ・リーダーがメンバー同士の対立を解決し、グループを元に戻したいと考えているとのことでした。そこで牧師はいくつかの助言を与え、さらにリーダーは他のリーダーたちとのリーダー会議での意見が役に立つとのことでしたので、数週間後、私は牧師とリーダーたちと一緒に会い、素晴らしい話し合いの時間を持つことができました。

ほとんどの問題はグループ生活の六つの側面から起こっています。グループ・メンバーへの期待、メンバーのグループへの関わり、集会の内容、リーダーシップ、グループの約束事や合意事項の詳細、メンバー同士の意思疎通。

それでは、デイブ牧師とリーダーたちとの話し合いからのアイデア、意見のいくつかを紹介します。

１　期待　メンバーはそのグループがどうあるべきかという意見、期待があります。この期待はグループの目的をどう受け止めているか、個人的にどのような益があるか、他のメンバーに何をすべきか、リーダーはどのようにグループを導くべきかなどから来ています。もしこれらの点について最初のうちに話し合っておかなければ、グループは爆弾の上に座っているようなものです。グループの合意事項はこの問題を防ぎ、解決に役立ちます。

２　関わり　全ての人はそれぞれの速さで成長しています。そのために同じことでも成長の段階によっては肯定的または否定的な影響を与えるので、あるメンバーはリーダーを助けようとするし、他のメンバーは挑戦的になります。おおよそのグループには物静かな人、よくしゃべる人、積極的、研究肌、笑わせるのが好きな人、疑い深い人、人の話に耳を傾ける人、よく眠る人など、いろいろな人がいるでしょう。どのような人でも、グループやリーダーの神経をいらだたせることがあります。例えば、全てのことに一言加えずにはいられない人がいると、他のメンバーはその人になるべくしゃべってほしくないと思うようになってしまいます。リーダーは一人ひとりが違う存在であり、お互いに受け入れ合うように励ますべきです。

3 内容 社会学者は学習には四つの基本的なスタイルがあると言っています。グループの中心は交わりだという人。他の人はグループの焦点は学びであると主張します。リーダーが教師の役を果たすべきで、グループの成功はそこにかかっていると考える人もいます。活動を重視する人たちは輪になって話してばかりのグループに不満を覚えるでしょう。それぞれの期待感は違っていますので、上記の四つの違いについてよく話し合って、どのようにバランスをとるかを考えておきましょう。グループが軌道から外れないようにするのはリーダーの責任です。

4 リーダーシップ リーダーにとっての必要条件は聖霊です。しかしグループの原動力を理解せず、問題点に気づかず、または無視することは聖霊の働きを阻害します。リーダーはグループの活力に関する書籍を読んだり、訓練セミナーなどに参加すべきです。また副リーダーやグループのメンバーとして活動しておくことは、やがてリーダーになったときの宝となります。

もしグループ内に明らかな不一致や対立が見られたら、リーダーはそこに介入しなければなりません。なるべく早急に介入することがグループの健康維持に重要です。もし必要なら問題を起こしている本人とグループの外で話し合いましょう。メンバーは「ごめんなさい」「大丈夫です、気にしないでください」と言えるようにならなくてはなりません。遅かれ早かれグループは必ず対立や不和に直面しますが、もしそれに対応しなければグループは崩壊します。ですから問題が起きたらなるべく早く対応した方がよくありませんか？

全てのグループは子どもと同様に成長の過程をたどります。新しく信仰を持った人も霊的な成長の階段を歩みます。過程とは、出産（初め）、幼児（すべての世話が必要）、少年期（学習）、大人（成熟した理解）。もしリーダーとメンバーがこのような成長段階を理解していれば、お互いを理解し、受け入れ合う助けとなります。例えばあるメンバーがまだ霊的に幼児の段階で、他のメンバーは成熟した段階にいたとして、お互いにどのように関わるかがその後のグループの成長に影響します。

5　グループの合意事項（約束事）

グループが合意事項を持たず、持っていても守っていないなら必ず問題が起きます。例えばとても気ままなメンバーがいて、誰もその人がいつ集まりに来るのかわからないとします。しかし欠席のときは連絡をするという約束事があれば、リーダーはその人にその約束事について、なるべく穏やかに、再度確認することができます。グループが分かち合いに時間を使いすぎるなら、リーダーは合意事項に従って軌道に戻すか、もしくは合意事項そのものの変更が必要になります。

リーダーは合意事項に従ってグループを修正する責任があります。それがなければ何でもありとなってしまい、グループ内に不満を貯めることになります。

6　メンバー同士の意思疎通

リーダーはメンバーの考え方や、他のメンバーへの態度などをコントロールすることはできません。慢性的な問題を抱えていたり、否定的な思考を持っている人はグループが持つ肯定的な側面に覆いをかけてしまいます。リーダーはメンバー同士の関わり方に気を配り、否定的な側面が見られるなら必要に応じた関与が求められます。どんなときでもお互いに祈り、集会ごとに、グループの人間関係のために祈りましょう。

問題解決

ニール・マックブライドは問題解決の四つの方策を提唱しています。[1] とても有効的ですので、紹介します。

1　認識する　グループ内に問題があることを認識する。例えば、リーダーまたはメンバーは次のように言うことができる。「あなたが気分を壊しているように感じる」「お互いの意見の違いについて話し合う必要があると思う」

まずお互いにその問題に関して率直に話し合う。しかし決して忘れてはならないのは、話し合いは勝ち負けではなく、双方が理解し、納得することである。たとえ意見の相違が残ったとしても、それでお互いを愛さず、尊重しない理由にはならない。

2　個性　メンバーはお互いに違いがあるのが正常であり、グループ内の問題点も同様であることを理解する必要がある。グループは家族と似ているので、リーダーは問題解決の際に特定の人を責めたりせず、お互いに助け合い支え合うようにして解決をはかる。

３　明確化　問題を明確にして解決をはかる。往々にして問題点が他のものに置き換えられて曖昧《あいまい》になってしまいがちだが、覆っているものを丁寧《ていねい》に取り除いて問題点を見えるようにする。

４　解決　問題点が明確になったら、それに対する解決法を取り入れて実行する。

それでは、小グループで起きやすい問題とその解決策を考えてみましょう。

慢性的に問題を抱えている人　ある人はいつまでも問題を抱え込んで乗り越えられず、その問題をグループに持ち込んでグループ活動を混乱させることがあります。そのような場合は専門的な助けを求めるように助言するか、または同じ問題を抱えている人たちのためのグループに誘導してあげるとよいでしょう。

新しいメンバーの参加　新しく参加した人はグループのそれまでの体験を共有していないために疎外感を持ち、それまでのメンバーも以前のように率直な意見を言わなくなることがあります。解決方法としては、新しいメンバーが参加する最初の二回目の集まりで、全てのメンバーがそれまでの自分たちについて自由に分かち合う時間を持ち、体験を共有するようにします。もし新しいメンバーがなかなか溶け込めないようなら、リーダーはその人をグループとは別の場所で、「まだあまりくつろげないように見られるけど、どうですか？　大丈夫ですか？」とその人の気持ちを聞いてあげましょう。もしあまり溶け込めないようなら、他のグループを紹介するのも一つの方法です。

メンバーが他のメンバーを言葉で攻撃する　このような場合、リーダーは穏やかに、しかし毅然《きぜん》と割って入り、意見の相違はあり得るが、そのようなときでも相手への敬意を失わないように再確認しましょう。リーダーは話すときに笑顔を忘れないように！

メンバーがいつも否定的　リーダーもしくは他のメンバーがグループ以外の場所でその人の問題を聞いてあげましょう。

雑談　いつも自分たちだけで小声で意見を交わし合い、他の人は何を話しているのかわからないような場合は、グループの外で彼らに話すか、彼らの注意をグループの方に戻すように誘導しましょう。

口数の少ないメンバーと多いメンバー　グループは常に参加者の個性を大切にしなければなりませんが、同時にお互いそれぞれの人が発言できるように配慮する必要性を伝えましょう。ときには口数の少ない人に目を向け、発言するように励ましましょう。私の場合は口数の多い人を私の横に座らせ、その人に他のメンバーが発言しやすくする手伝いをするように頼みます。その他の可能なアプローチについて話し合い、手伝ってくれる人を募りましょう。

上記の他にも時に応じて検討し、実行すべきことがあります。定期的なリーダー会議や牧師とのミーティングなどで深みのある意見交換を行うことができますので、そのような機会を活用して問題解決をはかりましょう。

デイブとサリーはある教会で約六年間にわたって小グループのリーダーを務めています。グループは黙示録セミナーのフォローアップとして発足しました。その教会のある人がバプテスマを受けたばかりの信徒や、まだキリストを受け入れるか迷っている人と一緒に勉強するグループを作りたいと夢を持っていました。デイブはそのグループのリーダーとなることを承諾した後の話です。グループを発足させた最初の一年目に二人がバプテスマを受けました。それからも未信者、求道者の人たちに伝道するという目標を持ち続けました。

デイブは次のように言っていました。「忙しいスケジュールの中でグループはやがて信仰を育てることだけが中心になってしまい、未信者の人を招き入れることを忘れてしまいがちになる。でもメンバーが関わった人がイエスを受け入れてバプテスマを受けると、メンバーは同じ経験を求めて活動に力を入れるようになる」

もしデイブのグループが忙しくてもできるなら、私たちだって同じようにできるはずです。

第8章　よくある質問

長年小グループのセミナーをしていると、繰り返し同じ質問を受けます。その中の幾つかを紹介しましょう。

1　私の家は禁煙ですが、メンバーの一人が喫煙者です。どうしたらよいでしょう？

最初の方法は、集まりの間に五分休みを入れ、喫煙したい人を外の決められた喫煙場所に誘導します。そのときに誰かが一緒に付き添って、雑談でも構いませんから、会話をしましょう。こうすることは集会の途中からの中座を防ぎます。

次の方法は、もし集会の最中にどうしても喫煙したくなったら一人で外に出て喫煙してもらうという方法ですが、この方法だと人によって中座してまた戻ることが恥ずかしく、席に戻らないこともあります。また集会の重要なところで中座ということもあり得ます。

2　集会のたびに食べ物を用意すべきですか？

グループによっては集会ごとに食べ物を出すことが重要だと考えています。一緒に食べることによって座が和むのは確かです。しかし私の経験から言うと、食べ物のない方が良い結果が得られます。実際、食べ物が否定的な結果を生むことがあります。毎週の食べ物の準備が面倒になり、しかも皆が同じように用意できるわけではありません。また折角用意したものが何らかの理由で食べてもらえないと、作った人は傷つくことがあります。ただし飲み物の提供は問題ありません。

しかし時折、簡単な食べ物――サラダ、スープなど――を出したり、メンバーの誕生祝いに何かを出すのは適切なことです。もしメンバーに何か持ってくるように依頼する場合には、決して無理しないように伝えましょう。もし無理しそうな様子が感じられたら、依頼せずに自分で用意しましょう。決して誰もそのことで不快な思いにさせないようにしましょう。（使徒言行録二ノ四六を読むと、食事は集会の一部でした）

3　家での小グループの集まりで献金を集めるべきですか？　小グループの維持費などは誰の責任ですか？

私個人の答えは、「献金を集めるべきではない」です。家で集まりをするのにはそれほどの費用を必要としません。学びのための教科書を七、八人分揃える費用もそれほどしません。しかもあなたが招いたのに、その人たちから献金を集めたら筋が通りません。グループによってはメンバーが自主的に教材の費用の支払いを申し出る場合もあります。もし経済的に苦しいのであれば、属している教会に相談しましょう。多くの教会は伝道のため、聖書の学びのための予算があるはずです。

4 小グループにおける牧師の役割は何ですか？

牧師のリーダーシップと支援は小グループの組織化、それらの活動が成功するか否かに大きな違いを生じます。もちろん小グループへのリーダーシップと関わりは教会員の責任ですが、牧師の関わりは小グループの存続に欠かせません。

牧師が提供できるリーダーシップは以下のようなものです。

＊公に、小グループの重要性とそれに対する個人的な信念を教会員と共有する。

＊聖書に基づいた小グループの必要性についての説教をする。

＊安息日のプログラムの中で小グループのメンバーに証しをする時間を与える。あまり関わりのなかった教会員も興味を持つようになるかもしれない。

＊小グループのリーダーと定期的な会合を持つ。メンバーのために祈る。リーダーたちから質問があれば答える。リーダーたちにグループについての経験を語らせ、必要に応じて助言や問題点や小グループに関する予備知識などを教える。小グループが同じ教材を用いているなら、その用い方などの提案をする。

＊グループに出席しているメンバーたちの霊的状態を正確に把握しておく。

＊グループを訪問して訓練や霊的成長を促す新しい方法や材料があれば教え、提供する。
＊継続的な訓練と指導をリーダーたちに提供する。

ある牧師は小グループ・フェア（全小グループが一堂に集まる会）を有効に用いています。このフェアは教会の小グループの行っている活動を中心に計画します。集会室に各小グループのリーダーが座っているテーブルを用意し、教会員にそれぞれのグループが行っていること、これからの計画を説明し、小グループのメンバーとなるように招きます。[1]

５　小グループの教材やガイドを修正して使っても構わないか？

小グループの教材は小グループで使用するように作成されていますが、その教材を教室のような環境で用いて成功している人もいます。もしあなたが教室のようなスタイルで、小グループの教材を用いたいと考えるなら、部屋をアレンジしてメンバーがテーブルの周りに座れるようにするか、会堂を使用する場合はメンバーを一箇所に集めて座らせるとよいでしょう。

そのようなやり方の場合、リーダーはグループの前に立って教えます。リーダーはまずその会の学びの序論を説明し、それからメンバーは質問や意見交換をします。

さらによいのはメンバーが隣に座る人と分かち合うことです。リーダーはグループ全体と聖書の学びをしますが、合間合間に隣に座った同士で学びを分かち合う時間を持つようにします。もしグループがいくつかの塊《かたまり》になって座っているなら、それぞれに分かち合うのもよいでしょう。しかしいつでも誰でも、分かち合いのための発言をしても構いません。

学びの教材が教室のような状態で使われている場合、リーダーはメンバー一人ひとりが学びの内容をどのように受け止めているかを把握できません。またリーダーはメンバー同士がイエスを受け入れることや特定の教義について話し合っていてもその全てを聞き、対応することはできません。そのような場合はメンバーそれぞれの考えや興味を知るための訪問計画を立てる必要があります。訪問するときはできる限り質問に答え、学びを補助する書籍などの紹介をするのもよいでしょう。

いずれにしても教室のような方法を用いる場合もメンバーを追い詰めるようなことは絶対に避け、くつろげる環境を整えましょう。そうしなければメンバーの出席率は下がるでしょう。

6　口数の多いメンバーをどのように扱えばよいのでしょう。

先にいくつかのヒントを書きましたが、リーダーが用いることのできるヒントをさらにいくつか紹介しましょう。

＊一つの話題に一回だけ発言できるという約束事を決めましょう。しかし必ずしも毎回、全員に発言できるチャンスがあるわけではないことも確認しておきましょう。

＊他の人の発言を邪魔しないように決めましょう。
＊当然、自由に発言してもらうのがベストですが、もし一人の人ばかりがしゃべるようなら、順番に発言してもらうように方法を変えましょう。例えば、何か質問をして誰かが答えたら、そこから順番に発言を促します。だからといって必ず発言を強制せず、パスしても構いません。
＊メンバーのことがわかってきたら、指名して質問を投げかけることもできます。しかしやりすぎないように気をつけましょう。

7　何にでも答えを持っていると思っている人をどのように扱ったらよいのでしょう。

＊そのような人にはまず発言してくれたことに感謝し、それから他のメンバーにそのトピックについてどう考えるかを聞いてみましょう。例えば、「あなたの答えを感謝します。私はこの聖句を◯◯と理解しましたが、皆さんはどうですか？」
＊「答えを持っている人」に、グループの外で、いつも答えてくれることをありがたく思っていること、さらにその人にメンバー全員が話し合いに参加できるように支援してほしい旨を伝えましょう。言い換えるなら、その人を否定的に受け取るのではなく、大切なのは全員が思っていることを自由に分かち合えるようにすることです。
＊場合によって「答えを持っている人」は他にもっと合うグループがあるかもしれません。その人の聖

書の知識や経験がグループの性格と合っていない場合もあります。そのような状況でも気にしない人もいれば、気にする人がいます。

8　一回の集会の適切な時間は?

決まった答えはありませんが、集会に集まる人たちによって違います。もし昼休みに集まるなら三〇分くらいでしょう。誰かの家での夜の集会は、私なら九〇分を超えない時間にします。一回の集会の時間はグループで相談して決めましょう。もしその約束が守られないならメンバーは集まらなくなります。

9　集会中の緊急事にどう対応すべきですか?

＊自殺をほのめかす、他のメンバーに危害を加える、などのような物理的、身体的な危険がある場合はすぐに専門家を呼びます。

＊集会に、夫婦間や子どもと親との深刻な問題を持ち込んできたら、その人を集会後に残して話を聞き、リーダーとしてどのように助けられるか考えましょう。もしその人が集会の間に取り乱すようなことがあれば、アシスタントや他のメンバー（同じ性別）と一緒に他の部屋に連れて行って落ち着かせます。場合によってはグループ全体で助けることもあります。このような場合は、いつも牧師と連絡を取り合いましょう。

＊決して専門のカウンセラーのように振る舞わないこと！　あなたのグループの存在目的は霊的な支援と交わりです。グループはカウンセリングを目的としていません。もしカウンセリングを目的とするなら、それに特化したグループを作るべきですが、法的責任を負うことを忘れてはなりません。もしそのようなグループを作る場合は、牧師と必ず綿密な相談をしてください。

小グループは、愛、支え合い、励まし、祈りなどを分かち合います。専門的なカウンセリングはあなたの役目ではありません。もしそのような必要があるなら、牧師、教会員の中に専門家がいればそこに紹介してください。

10　学びのガイドを自分で書くべきですか？　それとも既に出ているガイドを使用すべきですか？

経験の浅いリーダーは既存のガイドを用いるべきでしょう。そのようなガイドはアドベンチスト・ブックセンター（米国）に多く出ています。[2]

11　グループ・メンバーはあまり私に馴染まず、メンバー同士のつながりも希薄です。それがグループの弱点となっています。私はできる限りのことをしていますが、どうしたらよいでしょう？

まず質問をします。「とても円滑に行われているけど、あまり友好的ではない礼拝に出席するのと、友人たちと楽しくレストランに行くのとどちらを選びますか？」。答えは言うまでもなく、友人たちとの楽しい時間でしょう。この中に答えがあります。

メンバーにとっては集会で、また集会以外で一緒に過ごす時間が大切で、それを通して関係が深まります。一人ひとりが大切にされることによって集会が円滑に運ぶようになります。集会の焦点は内容よりも人です。誤解してほしくないのですが、内容が重要なのは言うまでもありません。しかし、人は集まることを楽しみます。もっとも毎回の集会が楽しいばかりではありませんが、それを気にする必要はありません。皆そんなことは理解しています。

もしグループに温かさ、大らかさが薄れてきたと感じたら、メンバーをランチやショッピング、散歩などに誘って一緒に出かけてみてください。また分かち合いに少し多めに時間を割いてみましょう。お互いに知り合える質問をするのもよいでしょう。「生まれはどこですか?」「どんな幼少期でしたか?」「休みになったら何をしたいですか?」

11章の「聖書に現されたリーダーシップ」を読んでみてください。そこに書かれている「仕えるリーダーシップ」と「羊飼い的リーダーシップ」は重要です。この二つの形は単に理論ではなく、小グループの成功に欠かせません。理論は学ぶことができますが、関係や関わり合いは実践です。グループ・メンバーはその違いを感じ取ります。もし理論やテクニックがあるなら、それを実践して示すときです。

12　どのように新しいリーダーを見つけ、訓練したらよいですか?

13章「小グループ・リーダーの育成」を読んでください。

13　小グループの成功に最も必要なことは？

祈り――これ以外の秘訣はありません。「祈りが終わると、一同の集まっていた場所が揺れ動き、皆、聖霊に満たされて、大胆に神の言葉を語りだした」（使徒言行録四ノ三一）。

14　メンバーの子どもたちの世話、子どもたちのための霊的なプログラムを提供すべきですか？

私たちが提供できる最大の贈り物はイエス・キリストと救いの計画の福音を伝えることです。子どもたちの単なる世話ではなく、イエスについて教えましょう。教会員の中でこのような働きの奉仕をしてくれる人がいれば頼みましょう。子どものための材料はたくさんあるので、それらを用いて聖書的な刺激を与え、子どもの人生を変えるような経験を与えましょう。

夏季聖書学校の教材も使えます。もし子どもが楽しんでいれば親もグループを続けます。よく言われますが、子どもをつかめば親もつかまえられます。もし子連れの若夫婦が参加するグループであれば、集会の一部は親子一緒の時間を計画しましょう。この時間は家庭礼拝をどのように持つべきかという見本となります。

きます。

15　アドベンチストの著者による小グループの本がありますか?

アドベンチスト・ブックセンター（www.adventistbookcenter.com／英語版）で見つけることができます。

16　もし小グループのリーダーが自分の考えだけでグループを運営したり、教会組織に対して疑問を持たせるような疑わしい教材を用いていたら、教会としてどう対応すべきでしょう?

全てのグループ・リーダーが用いる教材は教会理事会もしくは正当な委員会の承認を得なければなりません。また決定された内容——グループの名前、リーダーの氏名、連絡先など——は教会週報、ホームページ、教会ニュースなどで教会員全員に告知します。またそれらの情報は常に更新します。グループまたは個人が意図的に教会に反抗的であり、問題を引き起こすなら、教会は可能な限りすみやかにその問題に対応すべきです。もし解決を遅らせれば、それだけ問題は大きくなり、解決が困難になります。

第9章　七つの最後の言葉

一九七三年にラルフ・ネーダーが『教会の七つの最後の言葉』という、教会生活と働きに関する本を出版しました。とても興味深いタイトルですね！　このタイトルが言っているのは、「私たちは今までこの方法を試したことがなかった！」ということです。

私が教区のある部長として就任した最初の年、この言葉を体験することになりました。カンファレンス内の教会の信徒伝道部長たちとの企画委員会に出席したときのことです。会議では議長が各教会での「収穫運動」（ＳＤＡ福祉募金）をどのように復活させ、軌道に乗せるかという議論を導いています。議論の中心点は、教会員の参加が毎年減少しているので何とかしなければならず、何もしなければ誰も参加しなくなるという一点です。

議論が行ったり来たりしていますが、主に白髪（今の私がまさにそうですが……）の人たちからの発言が多く、以前に成功した方法が多く語られました。「車にスピーカーを取り付けてクリスマス・キャロルを流しながら教会員が一軒一軒家を回ったらどうか?」「クリスマス・キャロルを演奏できるような大きなオルゴールのようなものを作り、それを持って家々を回って収穫運動の趣旨を説明するときにバックグラウンド・ミュージックのようにそれを演奏する」「私が牧師をしていた教会ではクリスマス・

キャロルの楽団を結成し、家々を回った。おかげで普通なら目標達成に二～三週間かかるが、そのときは四日で達成した」

私はこれらの方法を否定しているわけではありません。世界中のどこかでは良い方法でしょう。しかし現在のアメリカには適していないのです。残念ながら、アメリカの多くの教会、牧師、教会員は教会外の文化との関わりが薄れています。

私は会議のディスカッションをじっと聞いていましたが、何の気なしに手を挙げると、皆が一斉に、この新入りは何を言いだすのだろう？と興味の目を向けました。そこで私は、「昔からの方法の手直しではなく、私たちがあたかも初めて収穫運動を計画している、というように検討してみたらどうでしょう？」「私たちの目的と、目指す結果を考えた上で、もし今日からこの計画をスタートさせるならどんな方法を用いるか、以前の方法が今日の社会に適合するなら使えばよいし、もしそうでなければ新しい方法に置き換えましょう」と発言しました。

発言を終えると、防音室の中にいるような沈黙です。議長もひと言も発しません。しばらくの（長時間に感じましたが……）沈黙のあと、議長は私の発言を無視し、元の議論に戻って行きました。後ほどある人が、議長はあなたを反抗者と決めつけていた、と教えてくれました。（反抗者である私は内心で、彼は耳を傾けるべきだ。教会が十二月にすべき働きの優先事項なのだろうか？　そもそも最後の十二月の収穫運動はいつだったのだろう？　とつぶやいていました）

私が暗黙のうちに言われたのは、「私たちは今まで他の方法を試したことがない。議論は終わり！」ということです。神が人と共に働かれる方法には一種の逆説があります。神の方法には常に「古い」と「新しい」があるのです。神は次のように語っています。

「初めからのことを思い出すな。昔のことを思いめぐらすな。見よ、新しいことをわたしは行う。今や、それは芽生えている。あなたたちはそれを悟らないのか。わたしは荒れ野に道を敷き／砂漠に大河を流れさせる」（イザヤ四三ノ一八、一九）。

この言葉からたった三章あとに次のように述べています。

「思い起こせ、初めからのことを。わたしは神、ほかにはいない。わたしは神であり、わたしのような者はいない」（イザヤ四六ノ九）。

神は「古い」と「新しい」の間に生じる緊張感の中でご自分の計画を遂行されます。私たちは神の備える道の最前線に身を置かなければなりません。時代は進み、細身のネクタイの時代が太めのネクタイの時代に、そして次の時代へ……。ネクタイはネクタイですが、時代によって見せ方は違います。

宗教の世界もそうです。基本は時代が変わっても同じですが、使う言葉や取り上げ方が変わってきます。使徒言行録一七章のアテネ人も今日のポストモダンの人たちも「知られざる神」を拝んでいます。長髪のヒッピーも、ルカ一八章の青年も、現在の丸刈りの二八歳の青年も、人生の意味を探しています。ある歌に「山の神は谷の神でもある」という歌詞があります。創世記の神は救いの福音の神であり、やがて来られる王なる神でもあります。人はキリストによってのみ完全な者となれますが、創世記のエデンの園に登場する欺瞞《ぎまん》者は黙示録でも欺瞞者であり、現在の人々も滅ぼそうとしています。

私たちが今の時代と関連を持とうとするなら、私たちは常に古い者であると同時に新しい者である必要があります。教会をどうするか、そして、どのように小グループを全うするかを考えるときに、私たちは神が時代を超えて与えようとしておられるものを受け入れるために心を開かなければなりません。「まことに、主であるわたしは変わることがない」（マラキ三ノ六）。神の言葉を忘れてはいけません。

古い方法を新しい状況で使う

あなたの小グループの歩みを見直し、神がここからどこへ導こうとされているかを考えるときです。新しい方法を取り入れながら新たな一歩を踏み出すために、それまでの試行錯誤の歩みで積もったホコリを取り除かなければなりません。

エレン・ホワイトは次のように書いています。「神に知恵を祈り求め、神の導きの下に、古い働きの方法に新しい生命を入れ、教会員の興味を呼び起こし、世の男女の心を動かすために、新しい計画と新しい方法を考案することができる人々が必要である」[1]

私たちはこの世での働きを終えようとするなら、何かを変えなければならないのは明らかです。興味深いことにライル・シャラー（プロテスタントの著名な執筆家であり教会コンサルタント）はエレン・

ホワイトに同感するかのように述べています。「ぶどう酒を入れる古い革袋しかない宗派は新しい時代に生き残れない」。[2] シャラーは信徒が教会伝道活動にあまり関わらなくなっていると言っていますが、続けて、「今日、教会が必要としているのは霊の賜物のセミナーでも、ボランティア管理プログラムでもない。必要なのはプログラムではなく教会のリーダーシップのパラダイムシフトである」（注／パラダイムシフトとは、その時代や分野において当然のことと考えられていた認識や思想、社会全体の価値観などが革命的に、もしくは劇的に変化すること／ウィキペディアより）

ライル・シャラーやエレン・ホワイトが述べている教会員の働きや伝道活動は、神の啓示を受けてパウロが第一コリント一二章、エフェソ四章で述べていることに関連しています。ここに書かれているのは、神は一人ひとりを違った存在として造ってそれぞれに才能を与え、人に奉仕を行い、キリストについて語り伝えるよう霊の賜物を与えておられるということです。多くのクリスチャンは人に奉仕をしたいと望んでいますが、その道を導いてくれるリーダーを必要としています。信頼できる指導者、励ましてくれる人が必要なのです。アドベンチストは長年にわたり、今は新しい革袋、パラダイムシフトと呼ばれる教会成長に関してコンサルタントの助言を受けてきましたが、彼らは次のように言っています。

「信徒リーダーが積極的にチーム伝道に関わると、彼らは傍観者から実行者、指導者へと変えられていく」。今こそアドベンチストが模範となって行動を起こすときです。なぜ先頭に立って進まないのか、と問われています。

エレン・ホワイトはバランスをとることの大切さにも言及しています。「私たちの働きは、前進的働きであって、方法には改良の余地がなければならない。しかし、聖霊の指導の下に、一致が維持されなければならない」[3]「人々の心を動かす方法が考え出されるだろう。この働きにおいて用いられる方法のあるものは、過去の働きにおいて用いられた方法とは異なるであろう。しかし、だれも、それを批評して、道をふさいではならない」[4]

このことを必ず覚えておいてください。――方法は変わったとしても、基準と教義は決して妥協しない。アドベンチストとして私たちは黙示録一四章にある三天使の使命という重要なメッセージをこの世界に住む人たちと分かち合わなければならない。――これは決して譲れません。しかしメッセージの内容を変えずに伝える新しい方法を模索することを止めてはなりません。

方法の変更は小グループにどのような影響を与えるでしょう？　まず最初に、聖書に基づいた小グループは使徒言行録二章に書かれている要素と体験を持っています。二番目に、使徒言行録二章に書かれている要素は、文化や環境や状況の違いに適した用い方をします。それなのでさまざまな形態の小グループが存在し、今後はさらに多岐にわたるでしょう。

旧新約聖書の原則は、イエスご自身の品性、本質の一部なので、変わることがありません。これがマタイ九ノ一七に書かれているぶどう酒を入れる古い革袋と新しい革袋の概念です。ぶどう酒は変わりませんが、それを入れる物が変わります。入れ物は入れ物であり、ぶどう酒はぶどう酒のままです。

私は聖餐式で首の長いコップ、小さいコップ、紙のコップ、銀のコップなどいろいろな形をしたコップからブドウジュース（マルコ一四ノ二五）を飲んだことがあります。聖餐式のブドウジュースは違う形のコップに注ぎ入れることができます。

基本的に必要なのは、どのような入れ物であれブドウジュースが入っているということです。コップは違う色や大きさ、形をしていますが、液体が入れられなければなりません。コップの形は違ったとしても、使う目的は同じです。[5]

イエスを知らない人々への伝道に霊の賜物を用いようとする信徒、グループに神がどれほど大きな力を与えようとしているかを考えるとワクワクします。これを実現するための大切な鍵は、あなたの家や仕事場などでの活気にあふれた小グループにあります。

私が最初に小グループに関わった一九七〇年代と今では、組織、取り組み方、課題、内容などが変わりましたし、そうなるのが当然です。もしあなたの小グループが時代と共に変化しないのであれば、なぜ変わらないのか考えるべきです。

社会の変化

一九四〇年代以降のアメリカの変化を見てみましょう。一九四〇年代は女性の四分の一だけが働いていました。一九五〇年代から七〇年代には働く主婦が倍になっています。一九七〇年代には六歳以下の子どもを抱える母親の二五％以上が働いていましたが、この傾向は右肩上がりが続いています。[6] 一九七七年には四六・六％の女性が労働力となっています。この女性の進出は仕事の環境だけではなく、家族のあり方、働く母親の文化も変化を起こしています。[7] 実際に職場では母親のためにフレックス・タイムやパートタイム制、保育施設など二五年前には耳にしなかったような制度を導入するようになっています。[8]

このような環境に父親の役割も変わってきています。主婦が家にいた時代には父親は仕事から帰っても、夜には教会の伝道活動に出かけていました。しかし二、三〇歳代の父親は子育てに母親と同等に近い役割を果たしています。ある調査では、現在の父親は二五年前よりも一時間多く子どもと過ごしています。[9] このことは父親の教会への関わり方に少なからず影響があります。

また家族構成にも変化が見られます。一九五〇年代に五・九％の家族に四人以上の子どもがいましたが、一九九八年にはそれが一・九％に落ちています。現在の平均は子どもが一人か二人です。

暖房の仕方も違ってきています。一九五〇年代には三四％以上の家庭が石炭で、ガスまたは電気は二七％でした。四〇年後の一九九〇年代になると、全米の家庭の七五％以上が暖房にガスまたは電気を使用し、石炭はたったの〇・四％です。[10]

一九五〇年代には車庫は一台分で十分でした。しかし一九七〇年代になると女性の社会進出により、二台分の車庫が必要となりました。二〇一〇年になると子ども一人ひとりにも車が必要になり、一家で三~四台の車を持つのが普通になってきています。

このような変化により、教会の働きの時間は二五年前よりも縮められています。自由時間が減っただけではなく、個人の必要に対する考え方も変化しています。

父親が子どもや家事に時間を割くようになり、女性の社会進出も進んでいるために奉仕のための時間が顕著に減っています。共働きが増えるにつれ、それまで教会の働きに割いていた時間も家事に用いるようになっているのです。

私たちはこのような事実を非難するのではなく、どのように対応すべきかの視点を持つべきです。小グループの観点から言うならば、共働きの夫婦は毎週の小グループの集まり、教会出席、教会で責任を持つ時間が十分に取れないことを考慮すべきでしょう。小グループはこのようなライフスタイルから生じる問題を反映し、対応する必要があるかもしれません。

例えば、小グループの集まりを毎週から隔週にする。聖書の学びに、聖書から見た子育て、働く母親、ストレスへの対処などのトピックを入れる、などができます。人々は神および聖書が自分たちの必要と実際的な関係があることを望んでいるのです。もし小グループが人々の必要を満たすなら、人々は来ますが、もしそうでなければ人々は他に行って満たしてくれるものを探します。彼らには時間が重要で、もしいつまでも待たされるなら、彼らはそこから退いて行くでしょう。

以前の小グループは一つの方法で全てを満足させられましたが、今の時代はそうではありません。小グループには、これこそが模範というものがありません。
次に小グループの10の主要な価値観をあげてみます。

小グループの10の基本的価値観

1　メンバーの一人ひとりはイエスの一致の祈りを受け入れなければならない。そうすれば霊に満たされ、献身的なイエスの忠実な弟子とされる。

2　教会員は自分たちを一つの体としてみなさなければならない（一コリント一二章）。そうしなければ、あなたの隣に座る人、隣人を気にかけようとは思わなくなる。

3　大グループおよび小グループの体験は全ての教会員に提供されなければならない。

4　小グループは全教会員を伝道活動に動員し、そのことによって得られる霊からの贈り物を体験する機会を与える。

5　小グループが聖書的であるなら霊的成長と魂を救う働き（アウトリーチ）を行う。その経験は個人をキリストの弟子となる献身へと導く。

6　小グループの主題や課題は聖書から与えられる。

7　教会の全ての働きに小グループの要素を含む。

8　小グループは文化との関係に気を配る。

9　小グループを成功させるために必要な働きの一部となることを受け入れる献身が求められる。

10　誰でも与えられた時間以上に人を助けることはできないとしても、少なくとも誰でも助け、支えることができる。

第2部　小グループの指導者

第10章　小グループのリーダー　――誰が？　私が？

私の犬の名前はハイディ。雑種でとても臆病です。ハイディがいたずらして庭に穴を掘ると父の雷が落ち、ハイディは世の終わりかと思うほど震えながら藪《やぶ》の中に飛び込んでいきます。[1]

サウルの似たような経験が聖書に記録されています。神はイスラエルを導くためにサウルを選ばれたのに、彼は隠れてしまいました。神はサウルをイスラエルの王に任命するためにサムエルを遣わしたので、人々はサウルを探しましたが見つかりません。サウルは怖くなって荷物の間に隠れてしまったのです。しかし神が彼の隠れている場所を告げたので、人々は走って彼を連れてきました（サムエル上一〇ノ一七～二七）。彼が民の間に立つと皆より背が高かったのですが、そのときはまだ自信がありませんでした。サムエルはサウルと民に王の権限や責任について説明しました。

あなたが小グループのリーダーになるときは、少なからず似たような気持ちになるかもしれません。もしかしたら神やメンバーからリーダーになるように強いられていると感じるかもしれません。そのようなときに、自分には無理、誰か他の人へ、自分は消え去りたいなどと願うでしょう。ただ一つハッキりとしているのは、もし神が呼んでおられるなら、神はそれを成し遂げるのに必要なものを必ず全て備え、与えられるということです。神は決して間違いを犯す方ではありません。神にゆだねて一歩踏み出してみましょう。そうすれば小グループは祝福を受け、しかもあなたが最も祝福を受けることになるのです。

私たちは完全ではないので、リーダーに求められる全ての要素を兼ね備えているわけではありません。ただキリストと共に歩むときにのみ完全でいられるのです。リーダーに必要な特性の全てを満足させる人はどこにもいません。ですから躊躇《ちゅうちょ》しないでください。もしあなたがリーダーに必要な要素、特性を持ちたいと願い、成長するためにキリストの恵みと力にすがるなら、神はご自分の目的のためにあなたを用いられるでしょう。もしあなたが小グループのリーダーなら、リーダーシップの働きの基本は次に挙げる原則、指針にどれほど力を傾けるかにかかっています。

1　霊的な原則、指針の理解を深めて献身する　教会のリーダーは信仰生活の浅い者であってはならない（一テモテ三ノ六、五ノ二二）。霊的なリーダーはまず自らが聖書を理解し、信仰の体験をしていなければならない。小グループのリーダーは日々祈りつつ神と共に歩むことが働きの基礎となる。

2　キリストとの関係を深める　もしリーダーが霊的成長の模範となって人々を励まそうとするなら、まず自分の生活においてキリストとの関係を深めなければならない。そうすればキリストに似た者として成長するだろう。新約聖書には神の子に次のように勧めている。「わたしたちの主、救い主イエス・

キリストの恵みと知識において、成長しなさい」（二ペトロ三ノ一八）。

３　人を助け、支えることへの献身　リーダーは、グループのメンバーに手を差し伸べ、彼らの個人的な必要に応え、共に喜び、共に涙することによって愛を実践する。リーダーはメンバーがキリストとの関係を深め、成長する手助けをしなければならない。イエスは真のリーダーシップとは自分よりも人の必要を満たすことを優先すると言っている。またリーダーは真のクリスチャンとして生きることによって模範とならなければならない。

４　人々をイエスに導く情熱　教会の最も大切な存在理由は、人々をキリストにつなぐことである。リーダーはそれを実行する情熱を持たなければならない。

５　聖書研究　グループ・リーダーは進んで日毎に聖書を研究し、学ぶ。聖書を学んでいない者はグループの聖書の学びを導くことはできない。

６　学ぶ姿勢　リーダーになっても最初は知らないことも多い。そのようなときに謙虚に学ぶ姿勢があるなら、多くを学び取ることができる。小グループのリーダーである限り学ぶ姿勢を忘れてはならない。

７　時間を作る姿勢　グループ・リーダーの働きには時間が求められる。リーダーは毎週の集まりの準備の時間、リーダー会議の時間などが必要である。もちろんアシスタントやメンバーも集会以外の時間に他のメンバーの手助けをしてくれるだろう。しかしリーダーがまず率先してグループのために時間を作る姿勢を見せる必要がある。

リーダーに求められるものは他にもありますが、上記が基本的なものです。もう一度確認しますが、どれほど望んだとしても全てを兼ね備えたリーダーは一人もいません。しかしイエスは聖霊を送り、力を与えてくださると約束しておられます。

これらの指針、原則は密接に関連し合っていますが、グループ・メンバーの必要を見極めながらリーダーとしてのあなたの個人の姿勢、取り組み方を変える柔軟性も必要です。もしリーダーがグループのあり方やグループの率い方に関して柔軟性に欠けるなら、問題を引き起こすでしょう。しかしリーダーが柔軟性をもって変えることができるのは、メンバーが受け入れられる範囲内でしかありません。もしあなたが引き続いてグループを導いていきたいと考えているなら、常に変化に対して偏見を持たず、公平でいましょう。それぞれのグループの目的や原動力は違います。あなたが今導いているグループは以前のグループとは違います。人々は常に変化しながら成長するのです。

フォード自動車の創始者ヘンリー・フォードは名うての変化、変更嫌いでした。有名なT型フォードは一九〇八年から二八年の間に一五〇〇万台も生産されました。この生産には流れ作業が導入され、一台の生産時間がそれまでの十分の一の速さになったのです。やがて新しいデザインのT型フォードが生産されるようになりましたが、当初、ヘンリー・フォードは折角成功しているものを変える必要はないと言い張りました。

フォード自動車の最高責任者だったウィリアム・クヌーセンは陽がやがて沈むことを知っていたので、

T型フォードの新しいモデルの準備を始めました。彼はやがて車にも色のバリエーションとモデルが求められることを予見していたのです。そこでフォードがヨーロッパへ長期休暇に出かけている間に、クヌーセンは自分のアイデアを実行に移したのです。

さて、フォードが旅行から帰るとすぐにミシガンにある車の生産工場に向かいました。そこで目にしたのは、車体の低い真っ赤な、しかもそれはオープンカーです。フォードはその車をあらゆる角度から眺め、そのうちに車のドアを乱暴に開け閉めし、オープンカーの幌をつかんで投げ捨て、窓ガラスを粉々に割ってしまったのです。フォードは彼が作り上げた黒一色の車を誰にも勝手にいじってほしくなかったのです。

クヌーセンはやがてフォード自動車からジェネラルモータースに移ってしまいました。間もなく自動車業界の競争が激しくなり、フォード自動車もその波に飲み込まれ、フォードは渋々と新しいA型モデルを作りました。そのA型モデルはクヌーセンが首をかけてデザインしたのに似ていたのです。[2]

フォードはある部分での変化は認めていました。新しい生産ラインによる大量生産はそれまでになかった新しい手法を導入し、ある意味で力強いリーダーでした。しかしある部分では頑固なほどに変化を拒みました。

ここから小グループのリーダーは学ぶことができます。効果的なリーダーは変化を拒みません。将来のために何を変え、そのために何を準備すべきかが重要です。小グループのリーダーとして、クリスチャンとして、日々少しでもキリストに似る者となるために変化し、成長するように人々を励まさなければなりません。変えられることに心を閉じてはならず、変革の推進者となるのは聖書的なのです。[3]

リーダーシップの動機

小グループにおけるリーダーシップの特性を反映させるために肝心なのは動機です。正しい動機によってリーダーは積極的に下記の事柄に取り組むようになります。

＊神に栄光を帰すことを望む。
＊神からの霊の賜物を用いて神を喜ばせることを望む。
＊神の教会のために役に立つことを望む。
＊クリスチャンとして他の人の助けとなることを望む。
＊キリストを知らない人をキリストのもとに導きたいと望む。

正しくない動機は、グループを消滅させ、ときにはメンバーの霊性をも失わせます。グループの働きを損なう動機とは……

＊感情の満足を求める――所属の欲求、承認の欲求など。
＊人の上に立ちたい。

＊賞賛を浴びたいとの欲求を満たそうとする――人の目を自分の方に向けたい。
＊何でも知っていたい。全ての中心にいたい。

リーダーの基本は、グループが目指す目的に到達するための助けとなることです。しかしリーダーが違う目的を持っているなら、リーダーとなるべきではありません。

もしあなたがリーダーとして個人的な影響力を用い、疑問の余地がある方法を用いて自分の目的を達成しようとするなら、一時的に成功しても、長い目で見ればやがて失敗に終わります。あなたが積極的に関わろうとしても、あてにならないものとして見られてしまいます。もし人々が、あなたは信頼できず、謙虚でもなく、自分たちを二の次にしていると感じているなら、グループの永続的な成功はないでしょう。

リーダーの機能と役割

リーダーに求められる機能と役割があります。良いグループ・リーダーは……
＊メンバー同士の関係を進展させることに努める。単に親しさを深めるということではなく、お互いを高め合う時間を持ち、グループの成長に活かせるお互いの長所を理解し合う。
＊メンバーの人柄、必要、考え方に気を配り、各々の個性を大切にする。

＊クリスチャンとして信頼、愛情、受容の姿勢を持ち続ける。
＊集会などで全てのメンバーが気兼ねなく発言できるような場を提供し、話し合いの流れを誘導し、まとめ役となる。
＊相手の話をじっくりと聞き、受け入れ、尊重するようにメンバーを促す。
＊グループの目的達成と成熟したクリスチャンとして成長するように支援する。

グループ成長の段階と道程

小グループは人と同じように、いろいろな段階を経て成長していきます。リーダーはその過程を理解する必要があります。五段階の成長モデルでは、乳児、幼児、小児、青年期、大人という言葉を用いています。六段階の成長モデルでは、自己中心的な段階、適応の段階、力と制御の段階、信頼の段階、変化の段階、結果と再出発の段階があります。しかし私は次のような用語を使いたいと思います。

探検の段階　グループの最初の頃は、メンバーは次のような自問をします。自分はここに属しているのだろうか？　何を期待されているのだろうか？　このグループに何を期待できるのだろうか？

移行の段階　グループがお互いに慣れ、ここは安全な場所だとわかると、交わりが楽しくなってきます。

行動の段階　お互いにくつろいで接することができるようになると、お互いに意見を交わすようになってより関係が深まり、信頼して受け入れ合うようになります。

結果と再出発の段階　グループの役割は終了して分かれていきます。または新しい目的、新しく学ぶ目標などを目指して新しく再出発します。メンバーはそれまでに築いた絆《きずな》が変化によって途切れることに淋しさを感じるかもしれませんが、それと同時に新しいグループの体験へと前向きに進んでいきます。

人生はこのような段階を経ながら前に進みます。もしリーダーがこのような段階を理解しているなら、それぞれの段階に起こりえる変化についてメンバーに説明することによって、メンバーは新しい段階に早く順応できるようになります。

リーダーシップのタイプ

リーダーとしての職務を果たすためには、リーダーのあなたに何が期待されているかを理解することが欠かせません。さらにリーダーとしてのあなたの姿勢、態度、方法――どのように運営するか――によってグループがどれほど進展できるかを決定します。それではどんなリーダーのタイプがあるかを見て、どれが合っているかを探ってみましょう。

伝統的には四つの基本的なタイプがあります。独裁的、権威主義的、民主的、自由放任的。

独裁的　横暴で独善的です。このタイプは全てをコントロールしようとし、メンバーはリーダーの話を聞いて追従するだけです。リーダーがグループの決まりを定め、メンバーには各々に個人的目標を定めるように要求します。独裁的リーダーは他の意見を聞かずに一方的な決定を下すことが多く、メンバーは操り人形のようになってしまいます。

権威主義的　このタイプは明確な方向性を持っていますが、他の意見を聞く用意もあります。権威主義的リーダーは全体を統制する傾向がありますが、メンバーはリーダーの示すゴールや考えに対して積極的に意見を交わします。グループ全体からの意見に基づいてグループの方向の修正には応じますが、リーダー個人が持っているゴールは変えません。このタイプは他の人を取り込むために個人的な影響力を用いようとします。

民主的　このタイプは権限をグループ全体で分かち合おうとします。このタイプは積極的で、メンバーの能力や意見を評価します。またグループに帰属意識と安心感を与えます。グループの規定、目標、ガイドラインなどはグループの決定に委ねます。民主的なリーダーはグループ全体によって意思決定を行うことを目標としています。

自由放任的　このタイプは寛大で受身的。グループをコントロールしようとはしません。メンバーがグループの集まりなどを決め、リーダーはほとんど口出しをせずに流れに任せ、消極的であまりグループのことは気にかけません。また優柔不断のためにグループの分裂を引き起こします。

どのスタイルが良いと思いますか？　どのスタイルにも理由があり、必要な場面があります。しかし大多数は民主的なスタイルが良いと考えるのではないでしょうか。

さて、例には挙げませんでしたが、もう二つのリーダーのスタイルがあります。仕えるリーダー、状況に適応したリーダーシップです。

仕えるリーダー　ルカ二二ノ二四～三〇に教えられているスタイルです。本書の11章「聖書の教えるリーダーシップ」で取り上げますが、まず簡単に説明します。

イエスの弟子たちは自分たちの中で誰が偉いかと議論していましたが、それを聞いていたイエスは次のように言われました。「異邦人の間では、王が民を支配し、民の上に権力を振るう者が守護者と呼ばれている。しかし、あなたがたはそれではいけない。あなたがたの中でいちばん偉い人は、いちばん若い者のようになり、上に立つ人は、仕える者のようになりなさい」（同二五、二六節）。

イエスは別の場所でも次のように教えられました。「いちばん先になりたい者は、すべての人の後になり、すべての人に仕える者になりなさい」（マルコ九ノ三五）。そしてイエスはご自分で教えられたことを弟子たちの足を洗うことでお示しになり（ヨハネ一三ノ五）、弟子たちはそこから学んだのです。イエスは全宇宙の王なので、全ての被造物に尊敬と忠誠を求めることのできるお方ですが、真のリーダーは人に仕えることによって尊敬と忠誠を得ることを証明されました。

仕えるリーダーは自分の道を押しつけず、計略で人を動かそうとせず、決して人を踏みにじらず、自分の目的のために真理を曲げることは決してありません。他の人の必要を第一にします。このようなリーダーは誠実で、正直であり、働きに献身しており、他の人を愛し、敬い、成長を促す姿勢によって尊敬を勝ち得ています。

イエスはご自分に従う人々のために命を犠牲にされることによって、真のリーダーシップを実証されました。パウロは仕えるということについて次のように説明しています。

「わたしは、だれに対しても自由な者ですが、すべての人の奴隷になりました。できるだけ多くの人を得るためです。ユダヤ人に対しては、ユダヤ人のようになりました。ユダヤ人を得るためです。律法に支配されている人に対しては、わたし自身はそうではないのですが、律法に支配されている人のようになりました。律法に支配されている人を得るためです。また、わたしは神の律法を持っていないわけではなく、キリストの律法に従っているのですが、律法を持たない人に対しては、律法を持たない人のようになりました。律法を持たない人を得るためです。弱い人に対しては、弱い人のようになりました。弱い人を得るためです。すべての人に対してすべてのものになりました。何とかして何人かでも救うためです」（一コリント九ノ一九～二二）。

パウロは教育を受けた強いリーダーでしたが、人に要求はしませんでした。このような資質は自然に持つものではなく、キリストの力により頼むときにのみ、キリストの品性を表すリーダーとなることができます。

もう一つのリーダーシップのスタイルは、最近よく話題に上るようになっている**状況に適応したリーダーシップ**です。これはそれぞれの置かれた状況や条件に合わせて変わります。クリスチャンは仕えるリーダーシップが常に基本ですが、信徒の賛同があるならば、一直線に権威を遂行しなければならないときもあります。

状況に適応したリーダーシップの例を挙げます。あるグループが集会を一九時に始めて二〇時三〇分に終わるように取り決めました。しかし実際には開始時間が頻繁《ひんぱん》に遅くなり、終了時間も延びてしまいます。そのうちメンバーの何人かが不満を漏らすようになったので、グループはリーダーにどうするかの決定権を与えました。そこでリーダーは取り決め通りの時間に集会を始めることを決めましたが、その決定を発表するときには笑顔で、なるべく皆の益になるようにとの態度を保ち続けました。

どのスタイルのリーダーシップを選択するかによって、メンバーが属したいか、属したくなくなるかの鍵になります。さらに民主的な仕えるリーダーシップは新しいリーダーを育てます。これまでにセミナーなどで訪れた教会の中でも、サリーのリーダーシップと人柄が印象に残っています。元々サリーは特別な世話を必要としていました。精神的にとても不安定で、口を開けば嫌味ったらしくして周囲を嫌な気分にさせてばかりいました。しかしグループ・メンバーは聖霊に導かれて彼女をそのまま受け入れ、彼女を支えようとしたのです。それ以降、彼女は見違えるように変わったのです。

サリーの物語は仕えるリーダーシップの結果です。彼女は人が仕えてくれたので、今や仕える側にいます。これが神の働きそのものです。

第11章　聖書の教えるリーダーシップ

旧約、新約聖書の中のリーダーシップ[1]

リーダーシップの定義がどのくらいあるかという調査によると、八五〇以上の定義がいろいろな書籍や辞書に載っているそうです。多くの定義は一般社会の視点からで、一部が霊的な背景からのものです。定義に含まれる言葉の一部を紹介してみましょう。説得する、模範、動員する、影響を与えるなどが定義の鍵になる言葉です。[2]

リーダーシップについて多くの著作があるジョン・C・マックスウェルは次のように書いています。「私の好きなリーダーシップについての格言がある。『自分はリーダーだと思っても誰も従ってこなければ、ただ一人で歩いているだけだ』。もし人を感化できないなら人はついてこない。人がついてこなければ、あなたはリーダーではない。それが感化力の法則である。誰がなんと言おうと、リーダーシップとは感化力である。それ以上でもそれ以下でもない」[3]

あらゆる言葉を駆使したとしても「感化」「影響」が定義の核心を言い表しています。他のすべての言葉もやはり「感化」「影響」の中に含まれてしまいます。この言葉は肯定的にも否定的にも捉えることができます。

私のクリスチャンのリーダーシップの定義は次のようなものです。「リーダーとは聖霊に導かれて人を神に似た者となるように感化を与える。やがて神のご計画を達成する一部となる」。それ以上でも以下でもありません。

あなたがリーダーとなるためには、従う人がいなければなりません。もしあなたが本当のリーダーなら、あなたは言葉や態度、働きを通して人々を感化して、あなたが求めることを行うようになります。どこかで、「リーダーシップとは、人々が本来はしたくないことを喜んでするように導くことだ！」と読んだことがあります。これは少々言い過ぎかもしれませんが、核心は突いています。リーダーは望むと望まざるとに関わらず、目的を達成するために少なからず必要な感化を与えてしまいます。

誰でも少なからず他の人に影響を与えます。五歳児が泥の中を跳ね回るのを見て、三歳の子どもも母親の制止も聞かずに泥の中で飛び跳ねようとするでしょう。一六歳の少年によって一四歳の少年が彼らの仲間に誘い込まれるかもしれません。最近テレビで一〇代の若者のグループが募金活動をしているニュースを見ました。彼らは募金で集まったお金で地域の野球場を誰でも使用できるようにする活動をしていたのです。その活動に賛同した多くの人たちが、若者たちの募金に応じています。数人の若者がコミュニティーに影響を与えたのです。

肩書きとリーダーシップは同じではない

肩書きによってその人がリーダーだと判断することがあります。米国合衆国大統領、ジェネラルモータース社長などの肩書きを見たら、誰でもその人がリーダーだとわかります。しかしその人が本当のリーダーであるとは限りません。ただその肩書きの仕事をしているだけかもしれません。時代を経てその人が本当のリーダーだったと評価されることもあります。真のリーダーシップは選挙や任命で得られるものではありません。それは獲得するものです。もし人に積極的な感化、影響を与えないのであれば、肩書きや地位はなんの意味もありません。

善し悪しは別として、歴史的にアレキサンダー大王は人々を率いて大帝国を樹立しました。ガンジーは非暴力を掲げて社会を変えました。ヒットラーは国民を誘導して戦争へ引き込みました。ジョージ・ワシントン、アブラハム・リンカーン、ウィンストン・チャーチルなど、多くの名前を挙げることができます。しかし最初に肯定的で積極的なリーダーシップを示されたのは三位一体の神です。

どの定義を選んだとしても、詰まるところは、いかに導くか！ということです。それでは聖書の中からリーダーシップについて見てみましょう。

聖書のリーダーの特徴、素養

聖書のリーダーに見られる素養、人柄は現代のリーダーにも求められています。旧約聖書のリーダーを見てみましょう。

モーセ（ヘブライ一一ノ二四～二九）　モーセは欠点を持っていましたが、驚くほどのリーダーシップの特質を発揮しました。ヘブライ一一章にはモーセのリーダーシップの特質が挙げられています。信仰（二四節）、高潔（二五節）、洞察力（二六節）、意志の固さ（二七節）、忠実（二八節）、責任感（二九節）。聖書の他の箇所には、モーセが赦しの人であり、民を贖《あがな》うために自らを犠牲にし、人の助言を聞いて理解する人物であったことがわかります（出エジプト一八ノ一五、一六、三二ノ三二、民数記一四ノ一一～二五、申命記三四ノ一〇）。

神の姿を反映したいと望むリーダーはこれらの特質を備えることが基本です。牧会または教会成長の視点から、何よりもこれらの特質に留意すべきです。洞察力は会衆の中からリーダーを育てるために必要です。牧師や小グループ・リーダーは教会員の現在の霊的状態やリーダーとしての適性を見るだけではなく、キリストにあって今後どのように成長する可能性があるかを見通さなければなりません。

洞察力はリーダーが小グループの目的や目標を定めるための助けになります。モーセは洞察力を持って反抗ばかりする民を四〇年間も荒野の中を導き、カナンの地へと導きました。意志の固さは人を、小グループを、教会を現状からより良い目標へと動かすために必要です。意志の固さは力強く、積極的なリーダーのしるしです。

ヨセフ（創世記三七～五〇章）　ヨセフの物語はリーダーに必要な四つの特性を教えています。

1　道徳的な高潔さ（三九ノ七、八）
2　神への依存（四一ノ一六）
3　確固さ（四一ノ三三、三四）
4　組織力／経営力（四一ノ四八）

ヨセフはエジプトで二番目の地位にいたので、権力を振り回すこともできましたが、彼は常に謙虚でした。小グループ・リーダーもメンバーを利用するのではなく、彼らの人生、生活の向上を助けます。

ギデオン（士師記六、七章）　ギデオンは旧約時代のイスラエルの民を裁き、導いた士師で、神のリーダーとして三つの大切な特質を行動で示しました。

1　役割の明確化（六ノ一七）
2　服従／信仰（六ノ二九）

3　洞察力（七ノ七）

役割を明確にすることはリーダーにとって欠かせません。リーダーはメンバーそれぞれの役割を皆に理解させなければならず、特に始めたばかりのグループには必要です。

ダビデ（サムエル記下五、六章）　ダビデはクリスチャンのリーダーに必要な特性を持っていました。

1　人々がリーダーとして認めた（五ノ一）
2　外交力／交渉術（五ノ一一）
3　成功の源が神にあると知っていた（五ノ一二）
4　毎日、神の知恵と導きを祈り求めた（五ノ一七～二五）
5　自分の人間的弱さを認めた（六ノ九～一三）
6　人々を真の礼拝に導いた（六ノ一五）

人々を霊的成長に導くために、クリスチャンのリーダーはダビデのように何があっても聖書を読み、祈る時間を取るべきです。これは個人的な成長と神からの力を受けるための基本です。小グループ・リーダーが霊的に成長するならば、そのことがメンバーの成長の模範となります。

エリヤ（列王記上一七～一九章）　旧約聖書に出てくるこの預言者から、少なくともリーダーシップの二つの特質を見ることができます。

1　神の言葉を日々の歩みに応用（一七ノ五）

2　神に全てを委ねる（一九ノ四）

強いリーダーであるほど自信過剰におちいりやすいものです。それなのでリーダーは日々、全てを神に委ねる謙遜さが必要なのです。またリーダーは忙しすぎてもなかなか休もうとしませんが、そのようなときにこそ神が聖書を通して語られていることに耳を傾け、祈る時間を取るべきです。もちろん身体の休みも必要です。

リーダーの権限／権力の用い方

聖書のリーダーたちについて学びましたが、彼らは皆、権限、権力を持っていました。権限、権力なしに人々を導くことはできません。しかし覚えておかねばならないのは、権限、権力と権威主義とは別物です。健全な権限、権力は人の必要に気を配り、同時にグループや目的達成のために何が大切かを考えています。マネジメントについて多くの著作があるチェスター・バーナードは、「人が四つの条件を同時に持つときにのみ、人々はその人の語ることに権威を認める」と語っています。(a)コミュニケーションについて理解している。(b)決断または決定を下すときに、それは組織の目的と矛盾しない。(c)下す決断や決定と、本人の個人的考えや関心は調和している。(d)精神的にも身体的にも決断や決定に従うことができる。4

旧約聖書のリーダーシップをよく学ぶと、神のご計画は、権威、権限は上から下に与えられています。当然、神が究極の権威であり、人をご自分の目的のためにお用いになります。

モーセは義父エトロの助言に従って、権限を組織化しました（出エジプト一八ノ一三～二七）。聖職者についてはアロンを大祭司に任命し、他の祭司の序列を定めています（歴代誌上二四章）。エルサレム再建のときにネヘミヤは命令系統を明確にしました（ネヘミヤ三～六章）。指導者たちは他の人たちよりも権限や権威を持っていましたが、それは自ら獲得したのではなく、神から与えられました。神からの権威は積極的、肯定的であって、決して横暴に用いられることはありません。

次にあげる聖句から、神がリーダーを探し求めていることがわかります。霊的なリーダーシップは常に「私は神の栄光のためになっているだろうか？」と自らに問わなければなりません。

「勤勉な手は支配し／怠惰な手は奴隷となる」（箴言一二ノ二四）。

「そうです、人を高く上げるものは／東からも西からも、荒れ野からも来ません。神が必ず裁きを行い／ある者を低く、ある者を高くなさるでしょう」（詩編七五ノ七、八／口語訳六、七節）。

「この地を滅ぼすことがないように、わたしは、わが前に石垣を築き、石垣の破れ口に立つ者を彼らの中から探し求めたが、見いだすことができなかった」（エゼキエル二二ノ三〇）。

導くリーダーシップ

イエス・キリスト　イエス・キリストの言葉からリーダーシップについて多くを学ぶことができますが、ここではキリストが弟子たちにリーダーシップの中心を教えるために用いられた二つのポイントを取り上げてみます。羊飼い的なリーダーシップと、仕えるリーダーシップです。

羊飼い的なリーダーシップ（ヨハネ一〇ノ一～一八）　新約時代の羊飼いは経済の重要な位置を占めており、パレスチナ地方では農業と牧畜が主要な仕事でした。乾期になると数ヶ月も家から遠く離れたところまで草を求めて家畜を移動させました。このような羊の遊牧はとても責任ある仕事なのです。この仕事は羊の所有者や家族もしましたが、当時は雇われた羊飼いの仕事でした。[5]

それなので羊の世話をする羊飼いは教会員を導く牧師の比喩として用いられたのです。この比喩は教会のクリスチャンのリーダーに、他のことも教えています。

三、四節からリーダーは、自分が導いている一人ひとりをよく知り、それぞれの必要に対してどうするのがベストであるかも教えています。良い羊飼いは一匹一匹の羊を名前で呼び、羊はそれに従っています。新約聖書時代の羊飼いの背景をよく知ると、これがどれほど大切なことかを理解できます。パレスチナ地方では夜になると、幾つもの羊の群れを一緒の囲いに入れていました。そして朝が来ると、羊飼いは自分の羊の名前を呼んで引き寄せていました。羊は羊飼いを信じてついていったのです。羊は羊飼いが信頼できるリーダーだと知っているのです。重要なことは明白です。小グループのリーダーは週一回の集まりのときだけのリーダーではなく、真の友とならなければなりません。

仕えるリーダーシップ（マタイ二〇章）　人生、日々の生活の中心にキリストがいなければ、仕えるリーダーシップとして十分な働きはできません。人は本能的に他の人よりも高い地位を得ようとして競い合います。この人の傾向をイエスは二〇～二八節で適切に分析し、解説しています。二〇、二一節を読んでみましょう。

「そのとき、ゼベダイの息子たちの母が、その二人の息子と一緒にイエスのところに来て、ひれ伏し、何かを願おうとした。イエスが、「何が望みか」と言われると、彼女は言った。「王座にお着きになるとき、この二人の息子が、一人はあなたの右に、もう一人は左に座れるとおっしゃってください」

ヤコブとヨハネの母親は多分息子たちと話し合った後だと思われますが、仕えるとは真逆の「二人の息子をあなたの王国で最高位を与えてくださいませんか？」とイエスに申し出たのです。母親の言葉を聞いて唖然としている残りの十人の弟子たちも、やはり仕えるという思いに欠けていたのです。「ほかの十人の者はこれを聞いて、この二人の兄弟のことで腹を立てた」（二四節）。

イエスはすぐに状況を判断してヤコブとヨハネ、そして母親に言われました。

「イエスはお答えになった。『あなたがたは、自分が何を願っているか、分かっていない。このわたしが飲もうとしている杯を飲むことができるか。』二人が、『できます』と言うと、イエスは言われた。『確かに、あなたがたはわたしの杯を飲むことになる。しかし、わたしの右と左にだれが座るかは、わたしの決めることではない。それは、わたしの父によって定められた人々に許されるのだ』」（二二、二三節）。イエスは真のリーダーとは何であるかを説く必要をご存じでした。弟子たちはリーダーシップをこの世的な地位、権力と同じように考えていたのです。そこで十人の弟子たちも呼び寄せ、次のように諭されたのです。

「そこで、イエスは一同を呼び寄せて言われた。『あなたがたも知っているように、異邦人の間では支配者たちが民を支配し、偉い人たちが権力を振るっている。しかし、あなたがたの間では、そうであってはならない。あなたがたの中で偉くなりたい者は、皆に仕える者になり、いちばん上になりたい者は、皆の僕になりなさい。人の子が、仕えられるためではなく仕えるために、また、多くの人の身代金として自分の命を献げるために来たのと同じように』」（二五〜二八節）。

とても耳に痛い、しかしクリスチャン・リーダーには欠かすことのできない言葉です。私たちは必ず誰かのリーダーになっていることを忘れてはなりません。イエスは権威で人の上に立とうとすることに対して弟子たちに、「あなたがたの間では、そうであってはならない」と教えられました。仕えるリーダーの権威は地位から来るのではなく、他の人への姿勢によるのです。

イエスは「人の子が、仕えられるためではなく、仕えるために」来たと言われましたが、その思いによってのみリーダーは他の人を神の姿に似た者となるように導く影響を与えることができるのです。全

てのリーダー（小グループのリーダーも含め）が委ねられた働きを成し遂げるために必要な知恵と力が

神様から与えられますように……。

ゆっくりする時間を持ち、導く備えをする

私が小さい頃に祖父の運転するトラックで町に出かけたときのことを鮮明に覚えています。町に行くと、出会う全員が祖父のことを知っているのです。誰かと出会うと、野菜の出来具合、他の人とは家畜の話、また別の人とは最近の出来事……。

ところが、最近はすっかりと変わってきて、同じ通りに住んでいる人同士でも誰かわかりません。生活が忙しすぎます。しかし、羊飼い的リーダー、仕えるリーダーは、ときには歩みを緩め、深呼吸をし、メンバーとゆっくりとした時間を持つようにしましょう。いつも忘れずにいてください。メンバーのことを知るように努め、仕えるのが聖書的リーダーなのです。

第12章　小グループ・リーダーの職務内容

私は一八歳のときに初めて大人のグループ・ディスカッションに参加し、友人と一緒に小グループの話し合いの司会を務めることになっていたのです。その教会自体が少人数で、私の祖母がその日の聖書研究の司会にかわいい孫の名前を入れてしまっていたのです。私はできる限りの準備をし、そこに集う祖母と同じくらいの年齢の人たちが答えてくれるだろうと思われる質問を多く用意しました。しかしどうやって皆の意見を引き出すか知りませんでした。しどろもどろになりながらも頑張りましたが、どうにもならなくなって二〇分ほどで聖書研究の時間が終わってしまいました。すると、「こんなに早く終わった聖書研究は初めてだわ……」とつぶやく声が聞こえてきました。

それからは司会をするときにはいつも、「もしこれが私の最後の司会だとしたら！」と考えるようになりました。集会の司会はリーダーの基本的な役目です。リーダーには多くの資質が求められています。それらを見ていきますが、その前にもう一度、リーダーの役割を復習してみましょう。

グループ・リーダー

小グループ・リーダーはグループが目的を成し遂げてゴールに到達できるようにグループを助け、

引っ張っていくために任命されています。グループの成功にリーダーの存在は欠かせません。リーダーはメンバーに情報を提供したり権限を持つ以上に、グループ・ディスカッションを導いたりメンバー同士の関係を築くことの方がより重要です。

聖書の学びのグループの集まりは講義をする場所ではなく、それよりも慎重に導かれた話し合いの形をとらなければなりません。学びは聖句に焦点を当てるので、リーダーはそれなりの方向性を持つことが要求されますが、メンバーの個人的な聖句の理解や解釈がメンバー全体の聖句理解を深める刺激になりますので、リーダーはメンバーの発言を促すようにします。

もしあなたがリーダーになったばかりなら、下記の助言を参考にしてみてください。

＊リーダーシップの訓練セミナーに参加し、関連する書籍などを読みましょう。可能なら他の小グループのアシスタントなどで経験を積みましょう。
＊週毎の集まりの手助けをしましょう。
＊毎週の集まり以外の週日のメンバーの状態も観察しましょう。
＊メンバー同士の話に耳を傾け、分かち合い、受け入れ合う模範となってグループを励ましましょう。
＊グループとしての決まり事、目的、目標を定め、それが遂行されるように導きましょう。
＊欠席しているメンバーがいたらその理由を調べ、助けを必要としているようであれば適切な支援をしましょう。

＊アシスタント・リーダーとグループについて意見交換を行い、祈りましょう。
＊リーダー会議に定期的に出席しましょう。

（アシスタント・リーダーは……）

＊リーダーを助け、励まし、そして祈りましょう。
＊リーダーが欠席のときは代理としてグループを導きます。
＊新しいメンバーや欠席しているメンバーの世話をしましょう。
＊子どもの世話やその他の雑用の手助けをします。
＊定期的なリーダー会議に出席します。
＊グループのリーダーになったときのことを想定しながら訓練を受けましょう。

（接待役は……）

＊くつろげる場所を用意しましょう。
＊部屋の椅子などを集会にふさわしく用意し、室温を調整し、予備の聖書、筆記具なども準備しておきましょう。
＊集会にメンバーが来たら、すぐに玄関を開いて迎え入れましょう。

＊洗面所などの場所をメンバーに教えましょう。
＊集会を中断させないように、電話、子ども、ペットなどの世話をしておきましょう。

上記のそれぞれの役割はどれも大切です。しかし何よりも重要なのは霊的な備えです。聖霊の助けがあれば、弱いリーダーにも大きな働きが与えられます。物事を霊的に達成するためにはその人の能力や素質ではなく、どれくらい神の力に自らを委ねきることができるかが重要です。

責任を持つ

上記に挙げたリーダーの役割はリーダーとそのチームが責任を持つときに初めて意味を持ちます。最近、「預言の声」でのマイク・タッカーの話を覚えています。彼のところで働いているルースに何かを頼むと、タッカー牧師が依頼内容を忘れてしまったとしても必ず実行されるので、ルースに頼んだ時点で何があろうと、もう仕事は完成したと安心していられるそうです。

小グループの成功に最重要なのは責任です。もし必要な職務が果たされなければ、その働きは完成しません。最近、フロリダで家の教会の小グループ・リーダーをしている人と話をする機会がありました。彼に、「今までリーダーをしてきた中で最も大切な学びは何でしたか?」と質問をしました。彼は、「私はリーダーになる前は近くの教会の長老でした。私に時間がなければ教会の仕事を他の人に頼むか牧師に丸投げしていました。しかし今は小グループのリーダーとして責任を持つか、グループを衰退させるかです。私が最終責任者です。もし主に委ねられた責任を神とグループに対して果たさなければ、私の怠慢が原因で、ある人たちはイエス・キリストを知ることがないかもしれません。これって深刻ですよね！」。彼の顔を見れば、彼がリーダーの仕事を軽く考えていないことがわかりました。

ある心理学者が刑務所で囚人たちをインタビューした話を読んだことがあります。

「なぜあなたはここに収監されているのですか？」という質問に対する囚人たちの答えは……。「罠《わな》にはめられたから」「誤認逮捕された」「間違った時間に、間違った場所にいただけだ」「何も悪いことをしていないのに逮捕された」

心理学者はインタビューを終えて刑務所から出るときの感想として、「無実の人たちがこれほど多く集まっている場所は他にはないだろう」と書いています。[1] 受刑者たちの優先順位の中で、責任はあまり高くないのでしょう。しかしながら小グループのリーダーにとって〝責任〟は最も基本的に必要な資質です。

私はただの一人
私は私だ
しかし私は全てをなすことができないが

何かはできる
全てをなすことはできないが……
私にできることならば拒まずに行う[2]

グループ・リーダーのリーダーシップのためのガイドラインとリーダーシップ・チーム[3]

グループ・リーダーになるために最も必要なのは、祈りと霊的に備えることです。聖霊の助けによって経験のない者でも大きな働きをなすことができます。あなたの伝道の能力は霊的に健全であるかどうかにかかっています。小グループのために計画を始める前に、次のことをよく考えてみてください。

1　一日のうちの決まった時間を神のために取り分けましょう。聖書の学び、祈り……。

2　神と自分の関係のために祈りましょう。人に対して神の栄光となるように、教会の助けとなれるように、聖霊に導かれて教えることができるように、グループ・メンバーのために、バプテスマに導けるように、後の雨を受けるように……。そして神の語りかけに耳を傾けましょう。

3　聖書を熱心に勉強しましょう。ただ知識を増やすだけのためではなく、学んだことを日々の生活に活かしましょう。神の約束を探し、書き出してみましょう……。信仰が強められ、力が与えられます。

4　グループで学ぶ聖句をよく読んで理解するようにしましょう。祈って聖書を読むことは聖書理解に不可欠です。第一にすべきことをおろそかにしてはなりません。自分の霊的成長のために聖書と一緒にエレン・ホワイトの書籍も読みましょう。

グループ・リーダーとしてあなた一人では忙しいでしょう。できればメンバーからアシスタントを見つけましょう。アシスタントを育て、発掘し、また以下のような方法で他のメンバーを励ましましょう。

1　聖書の学びから得た新しい発見を一緒に喜びましょう。誰かが喜んでいると、周りの人はそれに興味を持つようになります。そうやってグループの成長を見るのはいつでも楽しみです。
2　グループの学びのときにあなたの、またはメンバーの個人的な証しや体験を分かち合いましょう。
3　質疑応答の時間を持ち、必要な資料を提供しましょう。必要に応じてメンバーを訪問し、特にキリストへの献身を考えているメンバーを励ましましょう。
4　教義をより深く学ぶ希望のあるメンバーは、教会員になるように励ましてみましょう。
5　常にグループ全体の必要に配慮しましょう。
6　メンバー一人ひとりが何に興味を持ち、何を考え、何を求めているかに気を配りましょう。
7　メンバー個々に注意を払い、グループの外でも必要な助けや支援を提供するようにしましょう。
8　ユーモアは大切です。時に適った品の良い笑いはその場を和らげ、楽しい雰囲気をかもしだします。

注意すべきこと

リーダーとして頑張るほどに失望することも出てきます。メンバーが離れていけばガッカリして、自分の何が間違っていたのだろうかなどと落ち込みます。そして他のグループやリーダーたちと比較してしまいがちです。そのようなときのために神は助言を与えておられます。

「わたしたちは、自己推薦する者たちと自分を同列に置いたり、比較したりしようなどとは思いません。彼らは仲間どうしで評価し合い、比較し合っていますが、愚かなことです」（二コリント一〇ノ一二）。

それぞれに個性があります。神はあなたを、あなたとして創られ、あなたのために道を備えられました。もし他の人と比較ばかりするなら、それは神があなたを特別な存在としておられることを否定しているのです。もちろんあなたは間違ったり、壁にぶつかったりするでしょう。しかしそれは自らを改善する踏み台となります。サタンはあなたが落胆するように望んでいますが、神はそれを乗り越える力をお持ちです。信仰と祈りによって忍耐するなら勝利はあなたのものです。神は言われます。「恐れるな。語り続けよ。黙っているな。わたしがあなたと共にいる」（使徒言行録一八ノ九、一〇）。

目録を作る

リーダーはグループの活動などの見直しをおろそかにして、グループが向上する機会を失っていることとがあります。グループの集会を何回か持った後に、自分のリーダーとしての能力やグループ活動の質を評価して書き出しましょう。幾つかの項目に分類するとより効果的です。

それでは項目や評価に必要な質問を挙げてみます。

＊準備は十分に、適切になされたか？　答えがノーなら、その理由は？

＊計画に沿っているか？　なぜ沿っている？　沿ってない？　計画から方向転換することは必ずしも悪いことではなく、ときには必要である。常に計画を公平に見よう。

＊あなたは何を学び、その学びから将来の計画に生かしたいことを見つけたか？

あなたのリーダーシップとしての手腕

＊あなたが導いているか？　それとも引っ張られているか？

＊傾聴しているか？　あなたがいつもしゃべっているか？

＊グループ・メンバーの必要がどこにあるかを知るための目配り、気配りをしているか？

＊グループの話し合いや議論は脱線しやすいか？　どうしてそうなるのか？　あなたはどのように対応しているか？　どうしたらその状況を回避できるか？

聖書的な内容

＊メンバーの聖書理解を助け、新しい発見を促し、その真理を生活に適用できるような内容の質問をしているか？

＊話し合いのときに本題にとどまっているか。

グループへの参加

＊メンバー全員が集まりに参加するか？　参加しないとしたらなぜか？

＊あなたのリーダーシップはメンバーの向上心を刺激しているか？　もしできてないとすれば、何を、どうすれば良いと思うか？

＊メンバーはリーダーとだけではなく、お互いにも質問したり答えたりしているか？

グループ内の関係

＊メンバーはどれくらいお互いを知っているか？

＊メンバーはどれくらいお互いの話を聞いているか？

リーダーにとっての協力者――聖霊

使徒言行録二ノ一～四に、使徒たちの経験が記録されています。「炎のような舌」がそこにいる者たちの頭の上にとどまると、「一同は聖霊に満たされ、〝霊〟が語らせるままに、ほかの国々の言葉で話しだし」（四節）ました。神は弟子たちが証しするように、その場で即座にさまざまな外国語で話せる特別な力をお与えになったのですが、周りの人々は何が起こったのか混乱してしまいました。そこでペテロが次のように説明をしています。

「すると、ペトロは十一人と共に立って、声を張り上げ、話し始めた。『ユダヤの方々、またエルサレムに住むすべての人たち、知っていただきたいことがあります。わたしの言葉に耳を傾けてください。今は朝の九時ですから、この人たちは、あなたがたが考えているように、酒に酔っているのではありません。そうではなく、これこそ預言者ヨエルを通して言われていたことなのです。

「神は言われる。終わりの時に、わたしの霊をすべての人に注ぐ。すると、あなたたちの息子と娘は預言し、若者は幻を見、老人は夢を見る。わたしの僕やはしためにも、そのときには、わたしの霊を注ぐ。すると、彼らは預言する。上では、天に不思議な業を、下では、地に徴《しるし》を示そう。血と火と立ちこめる煙が、それだ。主の偉大な輝かしい日が来る前に、太陽は暗くなり、月は血のように赤くなる。主の名を呼び求める者は皆、救われる」』」（使徒言行録二ノ一四～二一）。

エレン・ホワイトはこの経験と約束に関して次のようにコメントしています。「弟子たちがペンテコステの時に真剣に祈ったように、私たちも聖霊が与えられるように熱心に祈らねばならない。もし弟子たちが聖霊を必要としていたのなら、今の私たちは更にそれを必要としている。あらゆる誤った教え、異端的、そして欺瞞的な教えは人の心を惑わしているので、聖霊の助けなしに私たちがどれほど真理を語ろうともそれは無意味になる。私たちは聖霊の力の時代に生きている。それは人を通して拡散し、世界への影響力を増大させる。命の水を飲むなら、それはその人の内に宿って永遠の命の水が湧き溢れ、その祝福はその人の中だけに留まらず、人々と分かち合うようになる」[4]

神は私たち一人ひとりが聖霊に満たされることを望んでおられます。聖霊を求め、満たされ、力を受ける祈りを捧げましょう。神の言葉は、約束は確かであり絶対です。

第13章　小グループ・リーダーの育成

以前、私はある組織の意思決定をする各部の長による委員会の一人だったことがあります。ある日、その委員長が常任理事会で取り上げる議案について話しかけてきました。「今度の件だけど、どう考える?」。私は、「私たちのチーム・リーダーの判断を尊重します」と答えました。すると委員長が、「君も答えを用意しておいたほうがいいよ。君のチーム・リーダーは必ず一日考える時間をくれという。そして各リーダーたちと議論しあった合意が彼の答えになるんだ」

私たちのチーム・リーダーは有能なスタッフを育て、全体で団結しながら組織の戦略を練り、ゴールを定める人物でした。私たちのリーダーは成功の鍵がリーダーシップ・チームにあると学んでいたのです。もしリーダーが自分の命令を聞く人を集めるのが役割だと考えていたら、そのグループは成長しないでしょう。しかしリーダーが、リーダーを育成することが自分の役割だと考えているなら、成長に限界があります。

ＵＣＬＡのバスケットボール監督ジョン・ウッデンは一二年間に一〇回もチームを優勝に導きましたが、彼の成功はチームワークの概念をしっかりと持ち続けた結果でした。彼はチームの選手一人ひとりをリーダーとして扱い、彼自身は選手たちのリーダーシップを育て、選手全体を一つにまとめる役目を担っていました。

ジョン・ウッデンの信条は単純です。（1）選手個人の真価を認める。（2）選手は最善を尽くすと信じる。（3）選手たちの成果を褒《ほ》める。（4）リーダーとして選手たちの責任を負う。

真の成功は優秀な人材を集め、彼らを手放さないことです。組織はそこにいる人材以上の成果を上げることはできません。組織は非常に重要ですが、そこに不適切な人物を不適切に配置したら、結果は言うまでもありません。ですからリーダーとしての人材を選び、育成がとても重要なのです。[1]

よく牧師たちから、自分たちの教会では小グループの成長や訓練セミナーを頻繁《ひんぱん》にやってきているのに、なぜ小グループによる伝道がうまくいかないのだろうか、という質問を受けます。私の三五年にわたる小グループとの関わりから、リーダーの育成がなければ成功はないに等しいことを学びました。

リーダーの育成は定期的なリーダー会議で行うことができますが、それだけでは不十分です。リーダーシップを育てるには日々の献身が求められます。もし成長して力強い小グループ伝道を目標としているなら、多くの場合、教会の方向性を変える必要があります。焦点をグループの参加者を成長させることから、目標への歩みの促進を図ることのできるリーダーの育成に向けるべきです。リーダーを育てることのできるリーダーを育成しなければなりません。

モーセとエテロのことを覚えていますか？　エテロはモーセに仕事を委ねることのできるリーダーを選んで訓練するように助言しました。私がリーダーをしていたときは、私が持っていない能力や技術を持つ優秀な人材を集めるようにしました。より多くの人材が揃っていれば、伝道の働きも強力に推し進められます。あなたの小グループも同様です。

どのように学ぶか

私が少年の頃、魚釣りが大好きでした。何より父が熱狂的な魚釣り大好き人間だったので、幼い私にもその趣味を植えつけようとしたのです。今でも兄弟、母など家族揃って沼地の土手に並んで座ってナマズを釣った光景が目に浮かびます。一二歳の誕生祝いにもらった釣り竿を今も大切に持っています。

父は浮きや釣り針の付け方を見せ、釣り糸の投げ方を教えてくれました。初めて釣り糸を投げたときに、糸が絡んでしまったので父に叱られると小さくなっていると、ちょっとしかめ面をしながら、「次はもう少し気をつけてごらん」とアドバイスしてくれました。それから少しずつ上達し、父と叔父と釣りに行くことも多くなりました。大きな魚と格闘していても手助けをせず、私が学習するのをじっと見ていました。

私は人をどのように教え、技術を習得させるかについて、父から多くを学びました。それは四つのステップにまとめることができます。

第1ステップ　私は父の釣りを見ていた。

第2ステップ　父は釣りの仕方を私に教えた。
第3ステップ　父は私が父から教わったことをするのを見ていた。そして助言を与えた。
第4ステップ　私は父から学んだことを子どもたちに教えた。

私が牧師をしていた頃、聖書研究のやり方、家庭訪問の方法、小グループの導き方についての訓練セミナーを連続して行いましたが、上記のステップの方法を取り入れ、時間をとってセミナーを行いました。しかし私が見てきた多くの教会では、以下のようなパターンに陥っています。

第1ステップ　メンバーは魚釣り（小グループの始め方）を習いたい。
第2ステップ　週末に魚釣りの方法（小グループの導き方）のセミナーを持つ。
第3ステップ　魚釣りの師匠（外部からのセミナーの講師）は釣りに行くように勧め（小グループを始める）、師匠は帰ってしまう。師匠は時々戻ってきて助言を与えるが、ほとんどの場合は地域の師匠が実践を指導する。
第4ステップ　あるメンバーは自己流で釣りを始める（小グループを始める）。しかし釣り糸が絡み、釣り針を失うがどうしてよいかわからず、不満をためて釣りを止めてしまう。

幸いなことに、牧師や経験ある信徒が自らの体験をもとに、第1から第3ステップの部分をそのまま、もしくは手を加えて、小グループのメンバーやリーダーを助けることがあります。

学習の三要素

成功するためには上記のステップだけではなく、学習のための要素をしっかりと把握しておく必要があります。学習の三要素はライフスタイルを変え、成功するために欠かせません。その三要素とは……。

1 認知的学習 この学習は習得すべき情報または知識を言葉または文章で教える。この学習は読書、セミナー参加、関連DVD視聴などが一般的。これは大切なステップで、情報を集めることで学ぼうとしているテーマの全体像をつかむことができる。問題点は、十分な理解をする前に情報過多に陥ってしまう傾向があることである。

2 応用学習 応用学習は行動を通して学ぶ。書籍やセミナーなどよりも活動に参加して学ぶ。例えば、訪問伝道についてセミナーで学ぶ代わりに、講師と一緒に訪問伝道に行って講師のやり方を現場で学習する。認知的学習で学んだことを現場に応用できる。

3 変形学習 この学習にはライフスタイルや行動の変革が伴う。知的、実践的に学んだことを現実の状況に当てはめ、やがてそれが本人のライフスタイルに定着していく。この学習をより効果的なものにするために、

(a) 認知的学習を継続する。(b) 教会員としての責任を果たし続ける。
(c) 指導者は技術的な訓練と精神的な支えを提供する。

多くの教会は知識に基づいて支援することに長けていますが、応用学習はあまり得意ではありません。必ず変形学習にまで至るようにしなければなりません。

私は多くの教会で訪問伝道による聖書の学びについて教えることがありますが、私はその教会に行くまでの間に、上記の三つのステップに基づいて次の用意をするように伝えます。

1　訪問伝道の経験があり、そのやり方を他の人にも見せることのできる二人の教会員を牧師が選ぶ。
2　金曜日の午前十時に牧師と、そして午後一時から選ばれた二人と訪問伝道に行くように計画する。
3　金曜日の午前十時に牧師と一緒に訪問に出かけ、まず私のやり方を牧師に見せ、次に牧師が訪問するのを私が見ている。それが終了したら、お互いの訪問の仕方について話し合う。
4　午後一時に私が教会員の一人を、牧師がもう一人を連れて訪問伝道を行う。次に教会員が訪問して私たちがそれを見ている。
5　安息日の午後にセミナーを持つ。セミナーでは訪問伝道、方法などについて講義を行い、実演して見せ、次に出席者同士でロールプレイを行わせる。そして牧師と金曜日に訪問を行った二人に体験を話してもらう。
6　セミナー出席者は牧師、金曜日に訪問に行った二人と一緒に訪問伝道に行く計画を立てる。もし時間が許せば、私も彼らの訪問伝道に付き添う。

7　牧師と二人は訪問伝道参加者の訓練を続け、必要な指導を続ける。

8　私は定期的にその教会を訪れて、更に次のステップのセミナーや訓練を提供する。

これで十分ではありませんが、実践に役立ちます。一〇〇%有効な方法はありませんが、それでも中心を狙わなければ必ず的を外します。訪問伝道チームを成功させるためには、献身と継続的な実践訓練が求められます。上記のパターンはリーダーの育成を初めとしてさまざまな訓練に応用することができます。このような訓練コースには六週間から八週間かかることがあります。リーダーを育て、備えさせるためには時間が必要です。行事としてできることではありません。

グループ・リーダーを備えさせる

小グループの最終目標は、グループ・メンバーをイエス・キリストと救いの関係に導き入れ、やがて全的に弟子として献身するようになることですが、無条件の交わり、受け入れ合いと愛という基本的な要素を不必要だとして排除することは決してありません。クリスチャンの重要な役割が人々をキリストのもとに導くことであると肝に銘じるなら、リーダーの育成の重要性を認めることができます。もし毎年二人のリーダーを育て、リーダーとして備えさせることができるなら、その二人がさらに二人を訓練し、リーダーが増えることによって伝道も拡大し、より多くの人を救いの道に導くことができます。

もしあなたが牧師または教会の小グループの取りまとめ責任者だとしたら、小グループのリーダーにふさわしい人物を見いだし、訓練することはあなたの大きな責任です。

小グループ・リーダーの選任

全教会員、全小グループ・メンバーが将来のリーダー候補です。だからといってあなたが全員を将来のリーダーとして指導するわけにはいきません。あなたの手の届く範囲の人を育て、導き、同時に誰がリーダーに適しているかを注意深く観察しなければなりません。

（注意）クリスチャン・リーダーに必要な全資質を完全に兼ね備えている人はいません。霊的成長に関しては特にそうです。あなたが小グループ・リーダーになろうとしているなら、自身に問い掛けてみてください。私はキリストに似た者として日々成長したいと心から願っているか？　グループ・リーダーとしての能力と技能の成長を心から求めているか？　あなたの答えは「はい」でしょうか？

小グループのために誰をリーダーとして選んだらよいでしょうか？

＊リーダーを探すように任命された者は、これから探そうとしているリーダーのために祈る。小グループ・リーダーとして召されていると感じている者は、自分の思いと働きが神に導かれるように祈る。

＊小グループの必要を認め、そのための展望を持っている個人を選ぶ。グループ伝道の理念と計画する

ことの価値を理解している人を教会内で探す。

＊あなたがその人物は与えられる役割を果たす能力があると信頼しており、さらにあなたが信頼している人もその能力を認める人物を選ぶ。そうすることにより、あなたともう一人は選んだ人物の育成に取り組むようになる。

＊羊飼いとしての役を受け入れ、人間関係を築くことができ、人に興味を持ち、小グループに関わりたいという熱情を持っている人を探す。先頭に立って人々を引っ張る力はあるが、小グループのリーダーに必要な気質や人間関係を築くことが苦手な人物がいることもある。できればリーダーとして選ぶ前に、アシスタントとして一緒に働きながらその人物の資質や能力を見極めるとよい。

＊小グループ・メンバーの中でリーダーシップ・チームに興味を持っている人物を探す。

＊教会内での伝道活動に参加している人たちの中から小グループ・リーダーにふさわしい資質を持つ人物を探す。

リーダーの候補者を見つけたら、次のステップへ……

＊複数の候補がいたら、それぞれが小グループ・リーダーになるために何が必要かを見極める。リーダーに必要な基本的資質は同じでも、それをどのように身につけるかには違いがあるので、個々に沿った指導が求められる。

＊特に訓練の初期には定期的に評価や意見を与えることが重要であるが、それは公平で客観的でなければならない。

＊候補者と一対一の時間を作る。共通の時間を持つことにより、その人物もやがて次のリーダー育成ができるようになる。私のスタッフも頻繁《ひんぱん》に会いに来る。会話の内容は仕事のことばかりではないが、そのような会話が人生や働きの向上に役立っている。話し合うためには時間が取られるが、イエス・キリストにあるリーダーを育成するための重要な時間である。

診察のためにある医者のオフィスに行ったときのことです。診療室の壁いっぱいにヤンキースのポスターが貼られていましたが、その中の一枚に興味が引かれたのです。その一枚には選手たちと監督、コーチ、トレーナーが一緒に写っているのを見て、ふと、一流選手でも最高のプレーをするためにはコーチが必要なんだ！という思いが頭をよぎったのです。一流選手になったからそのままで大丈夫ということはないのです。

彼らのチームに必要なものはなんでしょう。バット、グローブ、ユニフォーム、運動用の器具、医療チーム、コーチ、トレーナー、用具係、マネージャー、オフシーズン・トレーニング、練習試合……。もっと数え上げることができます。チーム・カウンセラーも必要です。

小グループ・リーダーも選手たちのコーチのようなものです。単に週一回の集まりの司会だけを求められているのではありません。グループを導き、整えるのは継続した働きです。この役を担う人は（1）過去または現在小グループのリーダーである、（2）小グループが達成すべきビジョンを持ち、示すことができる、（3）リーダーになる可能性がある者を発掘する、（4）将来のリーダー候補者に小グループの経験を通して、喜び、変革の体験を与える、（5）将来のリーダー候補者の質問、疑問に答え、共に話し合う時間を持ち、必要な資料（書籍、セミナー、ＤＶＤなど）を提供する。

小グループ・リーダーの助言者の仕事、役割を挙げてみます。

1　まずあなたがクリスチャンとして成長する模範となる。「わたしがキリストに倣《なら》う者であるように、あなたがたもこのわたしに倣う者となりなさい」（一コリント一一ノ一）。

2　あなたが指導している小グループ・リーダーが霊的に成長するように助ける。パウロはまだ若いテモテに教えている。「御言葉を宣べ伝えなさい。折が良くても悪くても励みなさい。とがめ、戒め、励ましなさい。忍耐強く、十分に教えるのです」（二テモテ四ノ二）。

3　見習いリーダーにビジョンを投げかける。新しいリーダーにグループがどうあるべきか、グループ・メンバーが教会や地域にどのような影響を持つようになるのかという夢とビジョンを持たせる。「望みを得ることが長びくときは、心を悩ます、願いがかなうときは、命の木を得たようだ」（箴言一三ノ一二／口語訳）。

4　見習いリーダーに小グループの鍵となる技術を教える。そうすればより効果的な集会を持つことができるようになる。「そして、ある人を使徒、ある人を預言者、ある人を福音宣教者、ある人を牧者、教師とされたのです。こうして、聖なる者たちは奉仕の業に適した者とされ、キリストの体を造り上げてゆき」（エフェソ四ノ一一、一二）[2]

上記のステップの一番は指導者自身の霊的生活、生き方についてです。これが次の三ステップの基礎となっています。途中のステップを省かないようにしてください。例えば、第二と第三ステップを飛び越えて第四を教えたとしても、見習いリーダーは成功しないでしょう。小グループ・リーダーは人の働きではなく神の働きのためです。指導する者と指導される者が各ステップに時間をかけて学ぶことは将来必ず役に立ちます。

見習いリーダーの役割

1　配慮　小グループ・リーダーとメンバーをサポートする。特にリーダーの役割に積極的に参加し、グループの外でもメンバーと個人的に積極的に関わる。

2　学び　参加している小グループのリーダーの働き方から学ぶ。リーダーがなすべきこと、してはならないことを観察する。集会の後にグループの状況について話し合う。リーダーが何を言っているかを聞いて、なぜそう言っているのか、自分なら何と言うか考えて話し合う。加えてセミナーに参加し、関連書籍を読む。

３　導く　体験が必要である。指導者は見習いリーダーに集会の一部の責任（祈りの時間、分かち合い、ディスカッション……）を持たせて経験を積ませる。経験の積み具合に応じて責任を増やし、やがては全体の責任を負えるようにする。

４　捜す　見習いリーダーはやがてチームを形成してリーダーとなる。そうなるとアシスタントが必要となるので、今後に備えてふさわしい人物を捜しておく。

（注釈）見習いとアシスタントの両方の名前を上げているが、アシスタント全てがリーダーになるわけではない。あるアシスタントはリーダーになることを希望しないかもしれない。しかし見習いリーダーはリーダーになるための訓練を受けている者である。3

小グループ・リーダーを育てるためのカリキュラム

実際にはさまざまなカリキュラムがあります。また学習するためには数ヶ月から数年かかるものもあります。聖書の言葉を引用してみます。「それらよりもなお、わが子よ、心せよ。書物はいくら記してもきりがない。学びすぎれば体が疲れる」（コヘレト一二ノ一二）。聖書は人が経験からより良い学びをすると信じて、より簡単な方法を取り入れています。

私もなるべく簡潔で単純な方法にすべきだと信じています。もし難しすぎる方法を取り入れると、人々は疲れてやがて離れてしまうか、そもそも始めようともしません。基本的訓練はなるべく簡潔に、その後は個々の必要に合わせたカリキュラムを用いるべきでしょう。

幾つかのアイデアを挙げてみます。

1　もしあなたの教会に小グループについての知識、訓練を受けた人が誰もおらず、ゼロから始めようとしているなら、教会の中で小グループに対する夢を持ち、皆を引っ張る資質を持っている人物を選び、小グループ訓練セミナーに参加させる。

2　小グループ集会の実施法に関する本を読む。

3　関連するＤＶＤを観る。

4　近隣教会に経験者がいれば行って話を聞く。可能であればその人がやっている小グループに参加して観察する。

5　もし教会にすでに小グループがあれば、そのグループに参加して体験してみる。できればアシスタント、見習いとして指導を仰ぐ。

6　定期的にリーダー会議に参加する。

7　引き続き小グループに関する本を読む。

8　最も大切なこと――祈る！

グループのリーダーとして学ぶ基本的なテーマ

1 小グループの聖書的な基礎。
2 小グループのメンバーの探し方。
3 初回に何をして、何を語るか。
4 二回目の集まりで何をして、何を語るか。
5 小グループの大切な三要素──分かち合い、聖書の学び、祈り──をどのように行うか。
6 小グループ・リーダー、アシスタント、ホストの仕事内容。
7 メンバーのそれぞれの個性──話好き、求道者、物静か……にどのように対応するか。
8 どのようにキリストへの献身に導くか。
9 小グループ・リーダーとして始めるにあたってのカリキュラムと、どの資料を用いるべきか。
10 あなた個人の信仰生活──聖書研究、祈り──をどのようにするか。
11 メンバーの緊急事態への対応──家庭問題、落胆、家庭内暴力。
12 メンバーの子どものケアについて。
13 グループ内のいさかいの解決法。
14 自分のリーダーシップのスタイルを理解し、グループを教えることと側面からの支援の違いを理解する。
15　個人の歩み、伝道、小グループに対する聖霊の働きを理解する。
16　キリストの弟子となり、証しすることの意味を理解する。そのための神と私たちの役割の違いを理解する。

これらは小グループ・リーダーが成長する際に直面する課題を簡単にまとめたものです。グループというものの基礎を経験と学びから知ることはグループ伝道を進めるために必要です。ただし、全てを理解するまで待つということはしないでください。まず一歩足を進め、学び続けましょう。

中心的チーム

小グループ組織について一つの助言を書いてみます。ある教会ではより多くの小グループ・リーダーを効果的に育成するために小グループの中にさらに中心となるチームを作ります。

考え方は簡単です。メンバーの中でグループのプランや運営に積極的に参加する人たちを募ります。リーダー、アシスタント、ホストだけが運営の責任を抱え込むのではなく、メンバーが手伝います。リーダーはもちろん方向性を示し、集会を導きますが、祈りや分かち合いの時間はメンバーが手伝います。誰でも責任を持ちたい人には一部でも責任を分け与えるのです。そうやって中心的なチームを作って定期的に集まって役割のリストを作り、その中の何に責任を持つかを決めます。

中心的チームは自分たちもグループの責任を担っていることを思い起こさせます。そうすることによって新しいリーダーを育成していきます。そしてより多くの人たちがグループを導く働きに関わるようになります。中心的チームはグループ・メンバー全体の関係を近くする役割も果たします。責任を分け合うことによってグループを強化し、効果的に活動するようになります。多くの人が何らかの役割を担うことは、全ての人が単なる参加者からグループの大切な一員となるのです。[4]

これが家の教会に魅力的に感じる一つの理由でしょう。私が訪れた家の教会では、全員が何らかの役割を持っていました。テーブルをセットする係り、床を綺麗《きれい》にする係り、祈り、聖書の学び、子どもの世話……。ほとんどの人が役割を持っていると、周りで座っている人も自然に何かをしたくなります。そのような環境だと新しい参加者も一緒に働くようになり、早くそのグループの一員として溶け込みやすくなります。

リーダーとなる

小グループのリーダーとして働き始めることを恐れてはなりません。準備ができてからリーダーとして働こうと待つのであれば、結局はいつまでも始められないでしょう。まず一歩を踏み出しましょう。当然間違いもするでしょうが、そうすれば早く学ぶことができます。体験が教師となります。神は聖霊を用いてあなたの失敗を良きものに変えることのできるお方です。

私はそのことを学校出たての新米牧師の頃に学びました。説教を終え、私はその日の説教がうまくいかなかったと思いながらオフィスに戻りました。すると主任牧師が来て、「とても良いメッセージだった」と言ってくれました。

「そんなはずがありません。話し方はひどいし、メッセージのポイントが不明確で……」と答えました。主任牧師はそれでもあれこれと励ましてくれていましたが、オフィスの扉を誰かが叩いています。会ったこともない一人の女性が、「今日の説教にとても祝福されました。できれば説教の原稿が欲しいのですが?」と入ってきたのです。

そこで私は聖書の間に挟んでいた原稿を彼女に渡すと、彼女が驚いたように、「あなたはこの説教をもう一度なさらないのですか?」と聞いてきたのです。私は、「大丈夫です。多分、この説教はもう二度としないと思います」。彼女は原稿を受け取ると出て行きました。

主任牧師が、「あなたの説教は良かっただろう?」と笑顔で付け加えました。神は私の足りない説教を用いて人の心に語りかけられたのです。

あなたも小グループ・リーダーを始めるときに不安があるかもしれませんが、神を信じてください。実は小グループ・リーダーはあなたではなく神が本当のリーダーなのです。あなたは神の見習いリーダーなのです。神は決して失敗されません。だからあなたも失敗のしようがないのです!

第14章　なぜ教会の小グループ・リーダーは悩むのか

以前、小グループの話を頼まれて、ある牧師会に行ったことがあります。責任者が、「この地域で小グループがうまくいっている教会がない。何が問題で、どうすればよいかを話してほしい」という要請だったのです。

問題の核心――質問と答え

何が問題なのかを明確にするために、まず小グループに何を求めているのかを明らかにし、それから問題点を探ることにしました。

最初に、その地域の教会の小グループのゴールは何かを明確にする質問をしました。小グループが毎週？　隔週？　月一回集まるのが目標ですか？　それとも小グループはあればよいけど、という程度ですか？　教会は小グループを教会の中心にしたいのですか？　それとも伝道の中心にしたいのですか？　教会は伝道活動を続けながら、全員に小グループの経験も提供したいのですか？　小グループに何を期待していますか？　証しとなる、未信者をイエスに導く、弟子訓練、聖書の学び、交わり……その他？

私は教会理事会や事務会でこの質問の答えを検討するように望んではいません。もしそのようにしたら意見の衝突で分裂が起きるでしょう。しかしこの質問の答えを考えることは、教会の小グループへの期待が妥当かを知る助けになります。できれば地域の小グループ・リーダーたちとこの問題について話し合うのがよいでしょう。

質問への答え

問題点は二つのことを中心にして展開しています。神学！　その通りでしょうが、最終的にあなたの教会の選択が目的を達成することか、それとも機能を重視するかということにかかっています。もし牧師たちに教会員に望むことは何かを質問したら、次のような答えが返ってくるでしょう。

教会員がイエス・キリストに完全に献身する弟子になってほしい。そのために教会員同士が近い関係にあってお互いに助け合い、お互いの必要を満たし合い、互いに責任を持ち合う。もし誰かが病気になったら、他のメンバーがお見舞いに行き、もし誰かが励ましを必要としていたら、他の人が励ます。教会員はお互いに祈り合い、聖書の学びをして霊性と信仰を深める。教会員同士がお互いの違いを認め合い、その違いを用いてお互いを助け合う。未信者をキリストに導き、教会員はその人たちを教え助ける。主の王国は霊的にも数的にも成長する。牧師はそのような伝道にいそしむ教会員を励まし、必要な助けを与え、支える。

問題の核心は、聖書的な目的を達成するために教会をどのように組織化するか？　ということです。教会が小グループについてなぜ困難を覚えているかは、上記の質問の全てが関連しています。少なくとも私が、これが理由だろうと考えるものを挙げてみます。

1　間違った戦略で始めてしまった。多くの場合は大きくスタートしようとする。

2　牧師依存の形になっている。アメリカの多くの教会は牧師依存型になっていて、牧師が世話をし、霊的な支えとなり、教会員の霊的成長の面倒を見る。

3　構造的な問題として捉えられない（この問題は1、2から起きている）。大多数のアメリカの教会は牧師が教会員の面倒を見る形になっているために、小グループに属する必要性がない。教会は小グループよりもプログラム優先となっているために、教会員の中に小グループの経験を求める遺伝子がない。

4　教会員は忙しすぎる。両親共働きが増え、家庭の責任も果たし、子どもの学校やその他の用事のために時間に余裕がなくなっている。ある教会員はそれに加えて教会の役員としての役割を果たしているが、与えられている時間には限度がある。

5　ほとんどの教会では弟子訓練、指導者としての体験を新しい教会員ばかりか、今までの教会員にも提供できていないために、霊的賜物と宣教の働きについての理解に乏しい。そのために献身したいと希望する人がいても、それを導く助け手が不足している。
6　祈りの教会を築くことに失敗している。祈りは絶対必要である。
それでは、上記の理由をもう少し詳しく見ていきましょう。

第一の理由　間違った戦略で始めてしまった。

多くの教会では小グループを始めるアナウンスを講壇やチラシで大々的に宣伝する。小グループが組織される前からメンバーの勧誘が始まっている。リーダーには十分な訓練が施されておらず、集会は大々的に始めるが急速に停滞する。解決策としては、小さくスタートして徐々にメンバーを増やして成長させること（第6章を参照）。

第二、第三の理由　牧師依存の形になっている。構造／組織の問題。

ある集会で「一般社会で信仰を分かち合う」という話をしていた。講演者が最後にとても重要なことを語っていた。「アドベンチストはエレン・ホワイトの勧告および先駆者が実践してきた牧師と信徒の役割に従っていない。牧師は教会の働きに必要なものを備え、教会を増やしていく役を担っているのであって、世話係ではない」

私の横に座っている人はそれを聞いて「アーメン」と答え、近くにいた人は、「今は二一世紀で、一九世紀ではない。教会は時代とともに変化すべきだ」と言っていた。同じ議論があちこちで行われている。

ある人は牧師と教会員は聖書に教えられている役割を果たすべきで、初代教会に戻るべきだ、と主張する。初代教会は前章で学んだ家の教会と使徒言行録二ノ四一～四七に書かれている大きな集まりの両方を指している。さらにアドベンチストの歴史には教会を増やす種まき、伝道、小グループの形が見られる。A・G・ダニエルズの教会史を見ると、アドベンチスト教会にはいわゆる定住牧師はいなかった。[1]

ダニエル氏によれば、当時の牧師は訓練、新しい教会を作る、伝道師、そして幾つかの教会を監督するのが役割でした。彼の研究ではD・M・ケンライトについても触れています。ケンライトはアドベンチスト教会を離れてアドベンチストを攻撃するようになりましたが、まだ卓越した伝道者だった頃には一八もの教会の牧師をしていました。その頃に地方の新聞にケンライトが次のようにコメントしています。「アドベンチスト教会は牧師の助けなしに礼拝を行っているので、我々は新しい場所での伝道を自由に行うことができる。そのために教会は長期間、説教が行われないことがある。したがってカンファレンスは牧師や伝道師が自由に教会を訪れて教会員を励ますような短いプログラムを持てるように計画した」[2]

エレン・ホワイトも同様のことを書いており、教会員が伝道へ参加する必要についてもコメントしている。[3]

ダニエル氏が書いたのは百年前のことである。私たちは二一世紀の社会の変化に合わせて牧師の職務内容を変えている。教会が健康であるために、そして教会の役割を果たすために牧師を欠かすことはできない。牧師はリーダーであり、指導者または教育者であり、教会の伝道の働きに必要なものを備えさせ、キリストの体としての教会に霊的な栄養を与えるが、エレン・ホワイトなどの歴史的なコメントから私たちが考えるべきことは、教会員やリーダーたちからの、当然そうすべきだろうという要求によって牧師の聖書的な役割が阻害されてはならない、ということである。

備えることの重要性

初期のアドベンチスト教会の理念は、一コリント一二ノ四～七に基づいている。そこにはいろいろな賜物、違った働きが与えられ、「一人一人に〝霊〟の働きが現れるのは、全体の益となるため」であると教えている。この理念はアドベンチスト教会がまだ羽が生え始めたばかり、という現実からも来ていた。初期の頃、教会組織に関してさまざまな議論が起こり、多くは教会を組織して宗派と呼ばれることに真剣に反対した。パイオニアたちはアドベンチスト教会を、運動（ムーブメント）または使命と理解していた。ある人はもしアドベンチストが宗派と呼ばれるようになれば、組織は権力組織になってしまい、教会員や牧師の熱意は失われるだろうと考えていた。

私は「初期のアドベンチスト牧師と同じ役割を二一世紀の牧師たちも担うべきか?」という議論をしようというのではない。しかしながら、聖書とエレン・ホワイトの書籍が「牧師の基本的な役割は教会員を奉仕や働きに備えさせること」だとしていることだけは指摘しておきたい。聖書は小グループの体験を持つように教え、エレン・ホワイトもそれを支持している。それゆえに伝道のために備えるということに小グループも含めなければならない。

二一世紀のポストモダン社会におけるアドベンチスト教会の牧師は一九〇〇年初頭よりも多くの役割が追加されている。しかしもし牧師が教会員の世話、各種委員会、教会運営などに重心を置かなければならないなら、牧師は聖書の命令を果たすことが許されないことになる。

質問

それでは、次の質問は、「現在のプログラム中心の伝道を中止して、別のものに移行することは可能か?」。答えは、もし教会がそうすると決断するなら「はい、可能」である。しかし教会がそうすることに何の苦悩も感じないなら、変化を選ぶか疑わしい。苦悩はプログラム中心の教会に変化を求める。もし教会員が使徒言行録二ノ四一~四七に描かれている力を教会に受けたいと心から願い求めているなら、教会を変化させるより良い方法はあるのだろうか? 答えは「ある」である。しかし必ずしも容易ではないかもしれないが、可能だ。牧師がプログラム中心だから小グループ伝道が進展しないということはない。必要なのは問題がどこにあるかを探って、そこから転換の道を見いだすことである。

伝道における教会員の役割

教会員は与えられた霊の賜物にしたがって伝道に加わる。伝道に加わるには他の教会員の世話、求道者や未信者への霊的なケアも含まれる。そのことによって牧師はより自由に伝道を行い、新しい教会を建て、伝道のために教会を組織することができる。

一コリント一二章やエフェソ四章によれば、賜物は教会組織全体を網羅《もうら》する。ある者は使徒、またある者は宣教師、他の者は教師……。賜物は何のために？「こうして、聖なる者たちは奉仕の業に適した者とされ、キリストの体を造り上げてゆき」（エフェソ四ノ一二）。聖なる者は何をするのか？ 伝道を行う。テモテには長老、執事は教会の働きを担うことが記されている（一テモテ三章）。聖霊の賜物と伝道の働きへの参加を聖書に学ぶと、教会でのリーダーシップや管理者の資質はイエスに従う、霊に満たされた人物であることがわかる。

エレン・ホワイトによれば、教会員が弟子として成長するのは、イエスについて語る働きに加わることである。「勝利する人物は自らをなき者とせねばならない。このすばらしい仕事を遂行する唯一の方法は、真摯《しんし》に他の人の救いのみを求めることである」[4]

イエスは言われる。「収穫は多いが、働き手が少ない」（マタイ九ノ三七、ルカ一〇ノ二）。ある者は喜んで働きに加わり、ある者は家で座ってイエスについて語る機会を待ち、ある者は指示されるのを待っている。しかし多くの者は弟子の役割について指示されたことがない。多くの教会員は単にどうしたらよいか、誰に尋ねるべきかわからずにいる。プログラム中心の伝道は小グループ伝道よりも参加を難しくしている。教会は意識的に行っていることを整理する必要がある。

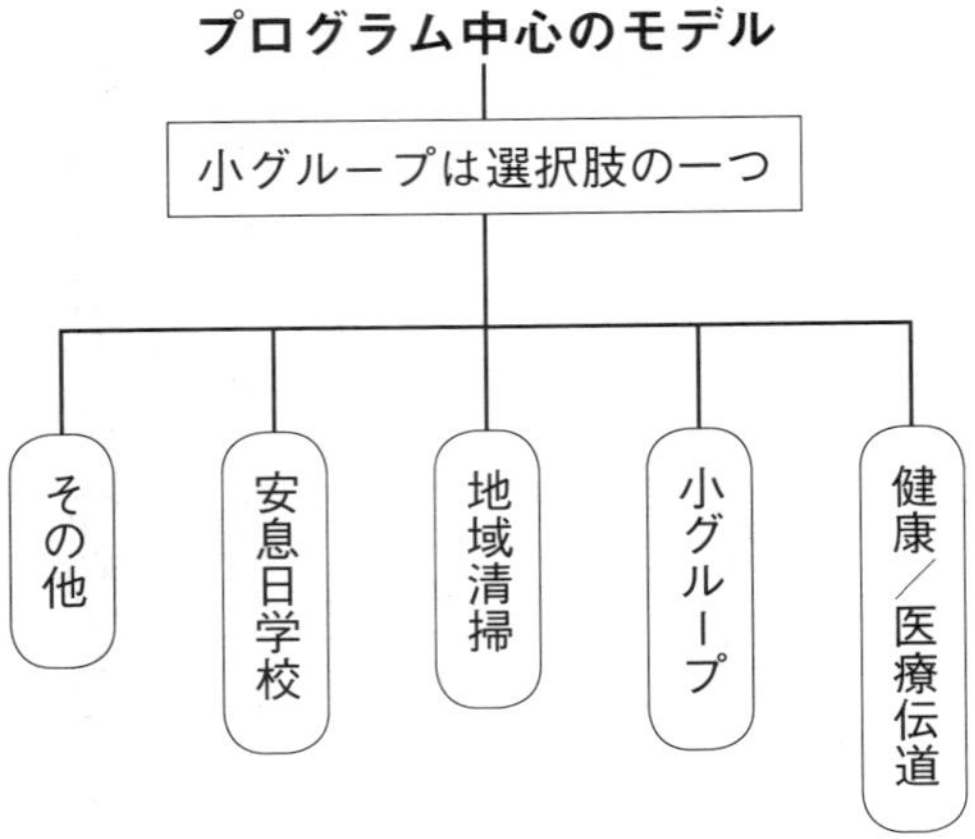

プログラム中心のモデル（小グループは選択肢の一つ）

＊北アメリカの大多数の教会がこの形をとっている。
＊小グループは多くの選択肢の一つである。
＊全ての人がプログラムに関われるように招かれているが、ときとして意図せずに関われない人が出ることもある。
＊家族、教会の各種委員会、仕事などによって教会員の関わりが制限される。
＊教会員同士の関わり合いが安息日だけに限られ、小グループのような週日の関わり合いがない。

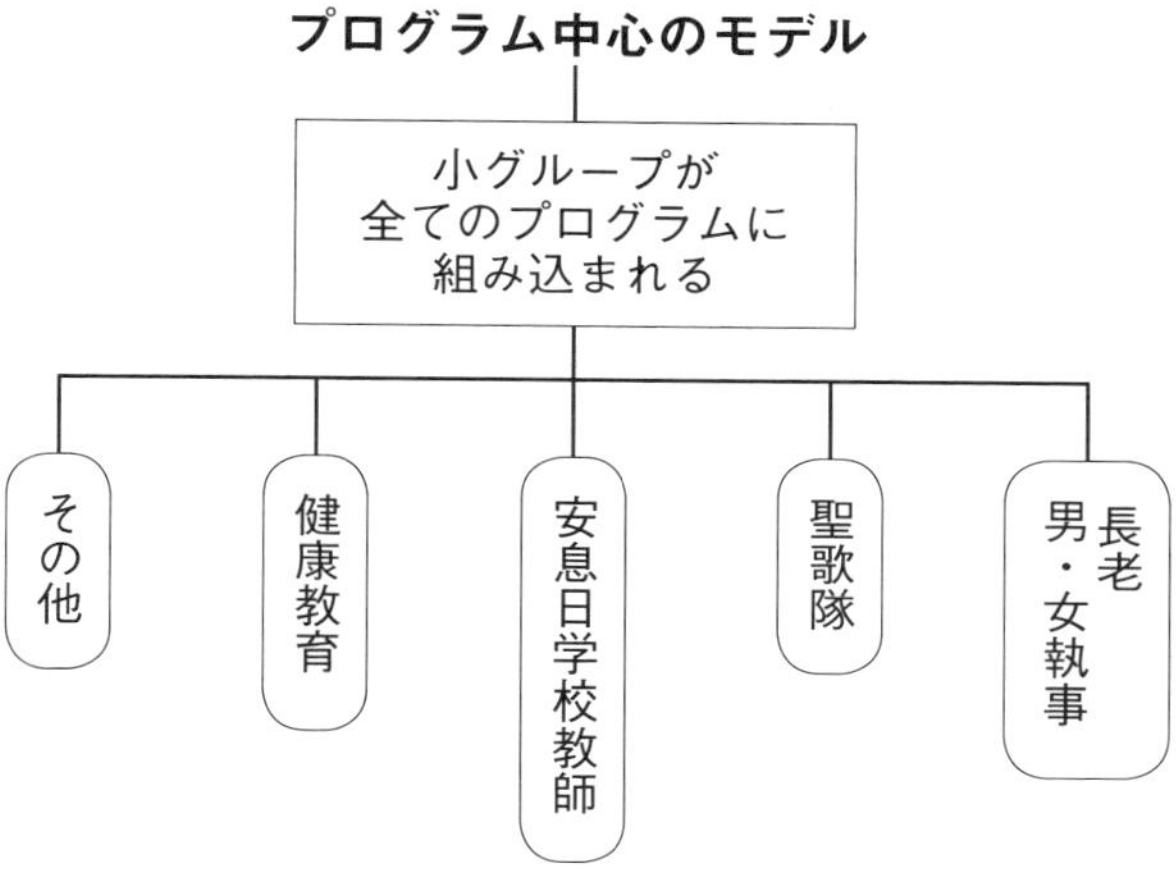

プログラム中心のモデル（小グループが全てのプログラムに組み込まれる）

＊教会の全ての伝道活動、プログラムが小グループになる。

＊長老、安息日学校、聖歌隊など、全て小グループになる。

＊全てのプログラム、委員会などのメンバーは小グループのリーダーシップを持てるように訓練される。

＊プログラムやイベントを行う回数が減り、小グループに必要な要素を備える時間が増える。

＊全てのプログラム、伝道グループなどが聖書の学び、分かち合い、伝道計画、評価などを通して小グループの体験を提供するようになる。

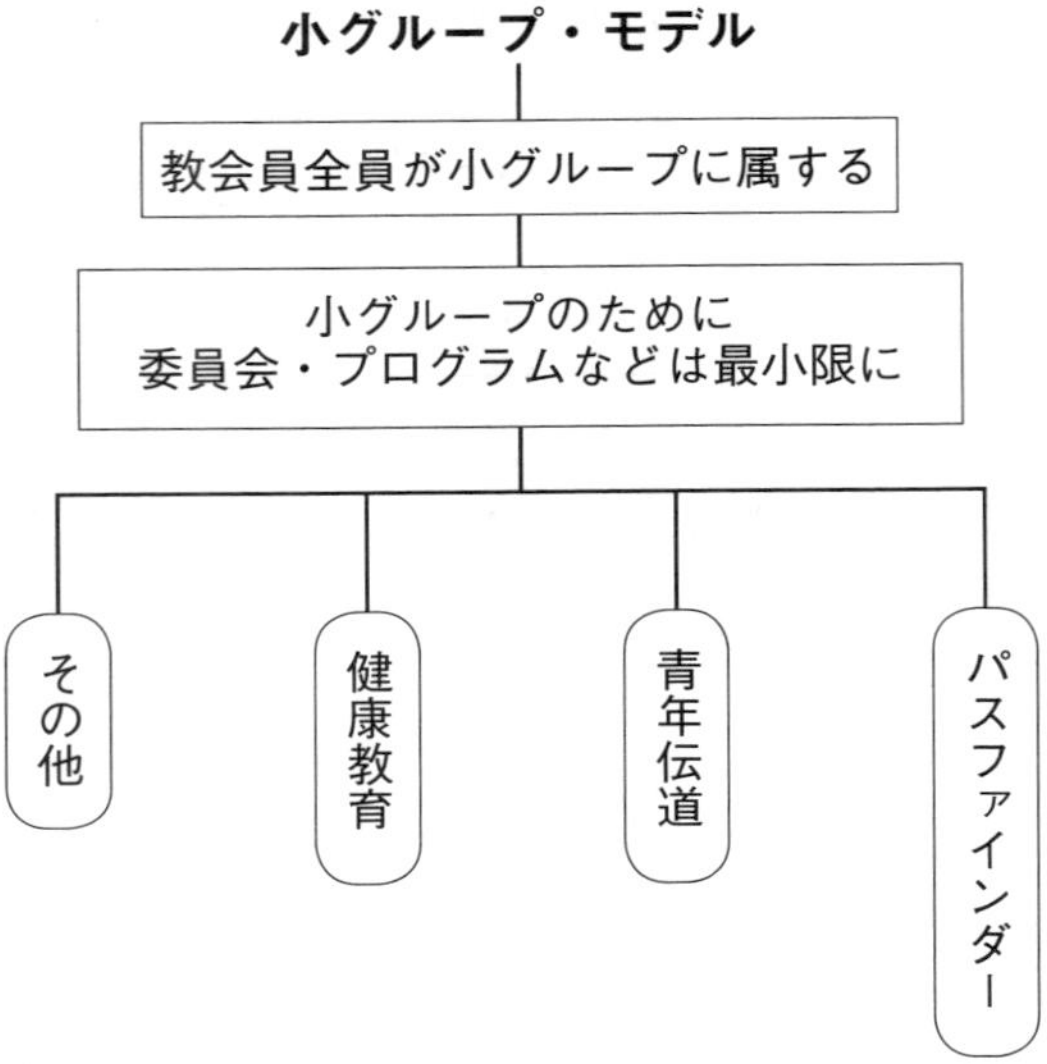

小グループ・モデル（教会員全員が小グループに属する）

*教会員全員が小グループに属する。

*小グループは毎週／隔週／月一回集まる。

*小グループによっては安息日学校聖書研究ガイドの時間にも集まる。

*教会の通常の活動は最小限にすることで教会員の小グループへの参加がしやすくなる。但し、パスファインダーや若い人向けのプログラムは継続する。

*小グループはお互いを助け合い、さらに近隣の未信者へもアプローチできるようになる。

*毎週の礼拝に小グループの体験も含まれる。

*小グループは教会のプログラムより優先する。しかし小グループに起因しないプログラムもある。

伝道は自然に発生する

定期的に集まって人生の喜び、悲しみ、苦しみを共に分かち合い、祈り合い、聖書が教える問題解決方法を探り、共に近隣の人々への奉仕を行っていればお互いの関係が深まり、自然に伝道活動が始まることは小グループの経験者は知っています。もしメンバーの誰かが病に倒れたら、他のメンバーがその人と家族の支援をします。お見舞いに行き、家族に足が必要なら提供します。もしこれが教会全体に広まれば、牧師依存から教会員同士が支え合う教会に変化するでしょう。だからといって牧師が病気の教会員を気にしなくてもよいというのではありませんが、グループが中心となって助ける役割を持ちます。

さらに教会の伝道チームが近隣へ手を差し伸べるなら、小グループのメンバーも教会の伝道への熱意を感じ取るようになります。両グループがお互いのために祈り合い、それぞれに伝道しようとしている人と、グループの働きによって既に手を差し伸べている近隣の人々をつなぐことができます。ですからプログラム中心の教会であっても小グループの働きを取り入れるなら繁栄する教会を体験できます。

このような形の教会は使徒言行録やA・G・ダニエルズが書いていた初期のアドベンチスト教会と違っていますが、初代教会の基礎となった聖書的な原則は存在しています。古い革袋から新しい革袋へブドウ酒を移しても、中身のブドウ酒は変わらないという例えと同じです。

小グループ教会

知り合いに小グループ・家の教会を始めた牧師がいるので、訪問したことがあります。まず十時半に一緒に簡単な朝食を食べます。それから一五分ほど子どもと大人が一緒に過ごし、賛美歌を歌い、一週間の出来事をお互いに分かち合います。

分かち合いの後、子どもは別の部屋に移って子どもの安息日学校を持ちます。大人は教会員の司会で用意された聖書の学びをします。聖書の学びの終わりに全員立ち、輪になってお互いのため、当日来ることのできなかったメンバーのために祈ります。さらに輪の中心に空いた椅子を置き、その椅子に座る新しいメンバーが与えられるように神に祈ります。

そこで子どもたちが再合流して皆で持ち寄った料理で昼食の時間を持ちます。昼食の時間は交わりの時間となります。あるメンバーがバプテスマを受けたいが禁煙に苦労していること、他の人は仕事のこと、別の人は仕事のために引っ越すべきか悩んでいることを率直に打ち明けました。それぞれが話し、祈り合いながらの交わりを持っていますが、午後二時に片づけて解散となりました。

小グループ教会の概念は、多くの家の教会を一つの地域に作ることです。定期的にそれらが一緒に集まって大きな集会、礼拝を持つこともできます。この筋書きの中で牧師の役割はグループを組織し、家の教会のリーダーとなる伝道者を訓練することです。

教会生活の実際

私が世界中を巡って気づいたのは、全く同じような方法で伝道をしているところは少ないということです。聖書の原則を礼拝、弟子訓練、集会などに現実的にどのように用いるかは多岐にわたっています。献身したクリスチャンの中でもプログラム中心、小グループ伝道、混合型、それぞれ違うものを選びます。しかし覚えておかなければならないのは、一つの権威の元に小グループと大きいグループが車の両輪として存在するということです。

もう一つの現実は、性格的に小グループが合わない人がいるということです。小グループの支持者の中には、「そういう人こそ小グループの経験が必要だ！　食わず嫌いなだけだ！」と言うかもしれません。確かに皆が使徒言行録二ノ四一～四七の経験ができたら素晴らしいとは思います。しかし別の方法でなければ受け入れない人たちもいるのです（第5章「いろいろなタイプの小グループ」の部分を参照してください）。二、三人の友人で集まって交わりや伝道活動を行い、使徒言行録に描かれている小グループの経験をしている人たちもいます。

最後にもう一度

どの形を選ぶか検討しているなら、選択肢に全員が小グループの体験ができるものを含めるべきでしょう。あなたの教会が聖書の原則である弟子訓練、証し、伝道、そしてキリストを中心とした集まりが実践されるなら、どの形を選ぶかということを神は気にされないと私は考えています。

肝心なことは、聖書と預言の賜物は教会生活が家と教会の両方で行われていることを示しているということです。初代教会には小グループと大きなグループの両方があり、それは教会が教会員と未信者の両方に備えるためでした。あなたの環境、状況で与えられた働きをどのように達成するかという選択は、神が聖霊を用いて私たちの聖書の学びや祈りの中から示してくださいます。

弟子たちがイエスに質問した言葉が思い起こされます。「ヨハネがイエスに言った。『先生、お名前を使って悪霊を追い出している者を見ましたが、わたしたちに従わないので、やめさせようとしました。』イエスは言われた。『やめさせてはならない。わたしの名を使って奇跡を行い、そのすぐ後で、わたしの悪口は言えまい。わたしたちに逆らわない者は、わたしたちの味方なのである』」（マルコ九ノ三八～四〇）。

ときとして安易な道を選び、現状を変えようとしない言い訳として、文化の違いや忙しさを理由としてしまいがちです。しかし神はどのようなときでも御言葉に忠実であり、信仰を持って伝道の働きへの召しに応えるように呼びかけておられます。

第四の理由　教会員は忙しすぎる。

数年前に電気、携帯電話、時計もない人里から遠く離れたところで数週間過ごしたことがある。毎日、伝道のための訓練、学びをしたが、人生において最も祝福された経験だった。通常の忙しさや煩わしい電話やテレビもないゆったりとした時間であった。

しかし現実は忙しすぎる。通勤、子どもの送り迎え、家族の世話、教会の諸委員会、運動、家族との時間、友人との時間など、小グループに割く時間がない。

もし小グループのために時間を作るなら、何かをあきらめなければならない。教会指導者はこのように忙しい教会員に、どのように教会生活に関わるべきかを教えなければならない。もし教会に小グループがなければ、教会員は教会のさまざまな役割を果たさねばならず、安息日の朝に他のことをする時間はない。

第五の理由　弟子訓練、指導者としての体験を新しい教会員ばかりか今までの教会員にも提供できていない。

その結果として、聖霊の賜物、伝道などについてより深い理解が求められている。教会員の生き方を変える祈り、聖書の学び、伝道への関わりを深め、他者をイエスに導く働きに関わらせるために、教会のリーダーはまず教会員を弟子としなければならない。それがなされるなら小グループが成長する機会となる。

第六の理由　祈りの教会を築くことに失敗している。

熱心な教会員は隣人たちがイエスを受け入れ、満たされた人生を送る機会があることを伝えたい。しかしクリスチャンは多忙で、しかも己の信仰を分かち合うことに躊躇《ちゅうちょ》してしまう。それができるようにする単純な方法を提示されたことがある。

1　各メンバーは近隣の二〇～三〇の家庭を自分の伝道区域とする。

2　各メンバーは家庭礼拝で、用事でその家の前を通るときに、神がその家族の必要を満たし、イエスに出会うことができるように祈る。

3　もし近隣の家族と知り合う機会があれば、徐々に、個人的または小グループの聖書研究に招く（可能であれば）。

大切なことは、教会員が隣人のために祈りの兵士となることだ。これが最初の大きな一歩となる。もしあなたが教会で祈りの伝道を始め、しかし皆が参加しなかったとしても失望してはならない。まずはあなたと一緒に祈りたいという人と一緒に始めよう。少なくとも言えることは、もし教会員が伝道のために祈らなければその教会の小グループ伝道は成功しない。できればあなたの最初の小グループのリーダーとなる人は祈りのグループの中から選ぼう。あなたが祈れば聖霊を受ける。もし祈らなければ無力だ。

一九八〇年代に私は小グループ・リーダーを訓練するチームを立ち上げた。私たちは参加者が祈りのうちにリーダーとなってリバイバルを起こし、聖霊の力を受けることを願っていると思っていた。しかし彼らは霊的な指導を求めていたのだ。訓練を通して霊に満たされた生き方を経験したいと望んでいたが、そこへ導いてくれる人を探していたのだ。

そこで私たちは、『北アメリカ　祈りと小グループ・カンファレンス』を開催した。最初の三日間は祈りに特化した集いで、続く三日間を祈りと小グループ訓練を行った。ある人は祈りの集いだけに、他の人は小グループ訓練だけに参加したが、全部参加した人たちもいた。祈りの集いに参加した人が私に、「私は聖霊の存在を感じました」と言っていた。参加者が少しでも霊的な体験を持ち帰ることができれば、神はそれを用いてご自分の働きをなされる。

結論

教会で小グループが成功しない一つの理由は、多くの人が出席しても参加しないからです。彼らは無関心なクリスチャンなのです。ただし、全てのクリスチャンは段階の違いこそあれ、それぞれのスピードで神と歩いています。ですから誰でもやがて神の働きに参加する機会が訪れます。それなのであきらめてはなりません。

小グループは必ずしも生温い教会を蘇《よみがえ》らせるとは限りませんが、おそらく生温い教会でもがくことになるでしょう。ですから教会が小グループを用いて近隣に伝道しようとするなら、まず教会のリバイバルから始めなければなりません。

重要なことは、小グループ伝道の最初の一歩は、教会が祈る教会となるように教会員を備え、導くことです。

それで？

自分の教会を考えたとき、上記で見てきた理由を理解すると、小グループの問題の解決に役立つでしょう。もしかしたらあなたの教会には上記以外の理由があるかもしれませんが、これだけは覚えておいてください。まず祈る教会を目指し、弟子訓練プログラムを取り入れ、神の前にその問題を包み隠さずにさらけ出しましょう。そうすれば問題は取り除かれていくでしょう。そしてまず自分で小グループを始めてみましょう。第一歩を踏み出せば神が導いてくださいます。

第3部　さらに深く

第15章　初代教会史と小グループへの影響

約二〇〇〇年近く前に建てられたローマの円形闘技場（コロッセオ）は今見てもその壮観さに目を奪われます。そこにはローマが誇った栄華の跡を見ることができますが、多くの血が流された歴史を持った場所でもあります。[1]

当時のローマ権力はクリスチャンを異端として見ていたので、多くのクリスチャンの血が流されたのです。その当時のクリスチャンの間では迫害に遭いながらも、家の教会、家庭グループが盛んでした。一世紀、ローマ帝国のネロ皇帝は条例を発令して、秘密結社や新しい宗教運動（異端）を禁止し、クリスチャンが教会や集会場を建てることを禁じ、違反者は財産、市民権を取り上げ、死刑も宣告されました。[2]　それなのでクリスチャンたちは家で礼拝を行っていたのです。ネロ皇帝は知らずして対外伝道の立ち上げに手を貸し、そのために意に反してキリスト教が成長したのです。

ネロ皇帝はやがて過酷なまでにクリスチャンを迫害しました。彼は自分でローマに火を放ち、その責任をクリスチャンに負わせたのです。[3]　キリスト教の棄教を拒否したクリスチャンは猛獣の檻《おり》に投げ込み、獣に食べられる光景を観衆が見ていました。[4]　ネロ皇帝は夜になると馬にひかせた戦車を乗り回すために、松明《たいまつ》の代わりに人間に油を塗って火をつけて照明にして楽しんでいたのです。[5]

ネロ皇帝の教会建設禁止条例は約二五〇年（六四〜三一三）続きましたが、クリスチャンは家での集会を続け、教会は絶えることなく成長しました。[6] トラヤヌス皇帝（九八〜一一七）になると秘密結社（キリスト教を含む）への条例を改定し、これらの団体に「堕落と過度の迷信」との烙印を押したのです。その結果、前の皇帝からの迫害は続きました。[7]

ネロ、トラヤヌスを初めとする皇帝たちがクリスチャンをどのように迫害しようとも、神の霊の働きが止むことはなかったのです。三〇〇年頃に、ローマ帝国ではありませんがペルシャに、クリスチャンが集う建物が建造されたという歴史的な記録が残っています。[8]

この時代にクリスチャンが着実に成長していたことを示す出来事がありました。一七〇年にローマ帝国はエジプトの都市であったアレキサンドリアに「信仰者たちの集まりを止めねばならない」という条例を出し、もし条例に従わなければ軍を派遣して殲滅《せんめつ》すると書き送ったのです。しかしアレキサンドリアの司教はそれに対して、「もしクリスチャンを殺すというなら、アレキサンドリアの人口の半分を殺さなければならない」と返事を返したのです。[9]

キリスト教の合法化

四世紀（三一三年）になると、コンスタンチン皇帝がキリスト教をローマ帝国の国教とする条例を発布し、やっとクリスチャンへの迫害が終わり、教会建築が帝国内で行われるようになりました。そして国政と宗教の本拠地をローマに定め、双方の指導者によってキリスト教の成長が促されました。

コンスタンチン皇帝の条例につながる動きは三一一年にガレリウス皇帝によってローマ帝国の都市であるニコデミアで始まっていました。ガレリウスは次のように宣言しています。「クリスチャンを異端から矯正してローマの法と規律に従わせる目的は達成されなかった。そこでローマの規律を乱させないために彼らが宗教的に集うことを認める」[10]

三一三年のコンスタンチン皇帝の条例はガレリウスの条例よりさらに進み、それまでの敵対的な関係からより友好的でなおかつ保護する内容に変わりました。それによりキリスト教がローマ帝国で認められる準備が整いました。コンスタンチン皇帝はそれまで帝国に没収されていた教会の資産、財産の全てを即座に返却するように命じました。[11] さらに教会建築への道も開きました。実際に彼はエルサレム、ベツレヘム、コンスタンティノープルに壮大なキリスト教の教会を建てています。

教会歴史家ユーセビアスは三一三年から三二二年にタイラに建てられた教会について書いています。「その教会には大きな入り口があり、柱廊によって囲まれた中庭は吹き抜けで、その中心には噴水があって人々はそこで手と足を洗って中に入る。内部にも壮麗な柱が並び、祭壇、司教のための座、信徒たちのための長椅子が置かれていた。建築材料はレバノン杉、御影石、その他に高価な材料が多く用いられていた」[12]

初期の信徒、家の教会、信仰の分かち合い

初期のクリスチャンたちは信仰の家族（ガラテヤ六ノ一〇）と呼ばれていました。パウロも常に信徒たちは霊の家族に属していることを思い起こさせ、彼らは神の家族（エフェソ二ノ一九）であると呼んでいます。パウロはさらに信徒たちの集まりを、神がご臨在される霊的な家（一ペトロ二ノ五）という考え方を示しています。

この考え方は次第に実現化され、最初の数世紀のクリスチャン生活は個人の家を中心に展開されていました。やがて個人宅が信徒たちの集う場所になっています。聖書から幾つかの例を挙げてみましょう。マルコと呼ばれたヨハネの母マリアの家（使徒言行録一二ノ一二）、プリスカとアキラの家（ローマ一六ノ三～五、一コリント一六ノ一九）、フィレモンにある家の教会（フィレモン二）、ニンファの家にある教会（コロサイ四ノ一五）。使徒言行録二ノ四一～四七から、初期のクリスチャンたちが非常に密接な関係を築いて聖書の学び、交わり、賛美と祈りを捧げていたことが見て取れます。

初期キリスト教の教父クレメントは家の集会に参加したときのことを次のように書き残しています。「家の主人が私たちを迎え入れてくれた。その一室は劇場のように美しく配置されていた。その部屋には多くの人たちが夜の間に来て、私たちを待っていた」[13]

家の集い（使徒言行録）にはさまざまなタイプがあります。

＊祈りの集い（一二ノ一二）
＊交わり（二ノ七）
＊食事――聖餐式だと思われる（二ノ四六）
＊祈り、礼拝（二〇ノ七）
＊緊急の伝道集会（一六ノ三二）
＊福音を伝えるための計画された集い（一〇ノ二二）
＊福音を受け入れた人への支援（一八ノ二六）
＊組織的な伝道（五ノ四二）

伝道方法を広げてお互いを支え合うために、家の集まりと会衆の集まりがバランス良く組み合わされていました。聖書は、信徒たちに聖霊が降ってから、「毎日、神殿の境内や家々で絶えず教え、メシア・イエスについて福音を告げ知らせていた」（使徒言行録五ノ四二）と述べています。後にパウロも同じようにしています。彼は福音を方々の家で教えています（同二〇ノ二〇）。家の集まりが教会組織の柱となっていました。もちろん家の集まりだけが教会の機能ではありません。

会衆全体による集まりも初期クリスチャンの伝道戦略にとって重要でした。例えば、使徒言行録二章には三〇〇〇名の人々が教会に加わった記録があります。

シナゴーグはユダヤ教の教会堂です。初期の頃はクリスチャンもシナゴーグに集まり、自分たちをユダヤ教の改革グループとみなしており、ユダヤ教から分派するとは考えていませんでした。しかしクリスチャンはユダヤ教の教えとは相容れない教えを語り続けていたので、やがてシナゴーグから締め出され、やむなく個人宅で集まりを持つようになり、そこで邪魔されることなく霊的な学びや福音に耳を傾けることができるようになりました。

クリスチャンは激しい弾圧の時期を除いて市場などで伝道を行うことができました。しばらく前にあるロシアのリーダーから素晴らしい市街伝道の例について聞いたことがあります。まだロシアでクリスチャンが弾圧されていた頃、宗教的な集まりは公衆、個人を問わずに禁止されていました。そこで信徒たちはさまざまな方法を考え、毎週開かれている青空市場に出かけることにしました。

そこである牧師が鶏《にわとり》を売るかのような格好をして、青空市場に出かけました。そこにもう一人のアドベンチスト信徒が鶏を買いに来たかのようにして牧師のところに行き、さも売り買いの交渉をしているかのように話し始めました。しかし実際の話の内容は、安息日学校の聖書研究ガイドについて、教会について、伝道について話し合っていたのです。

ある日のこと、秘密警察の刑事がやってきて、「お前、この鶏を数週間も持ってきて多くの人たちが鶏を買おうとしているのに、結局は売れずにいるが、この鶏はどこか悪いのか?」と問いただしました。

もちろんこれはとても危険を伴う方法でしたが、ロシアでの伝道を広げる役割を担っていたのです。

初期のクリスチャンも迫害の時代に似たような方法を用いたことでしょうが、迫害によって福音を押しつぶされることはありませんでした。ある教父は次のように述べています。「キリスト者の血は種となった」

キリスト教の合法化——負の効果

キリスト教の合法化と共に神学や教会の役割、信徒の機能などが変わり始めました。これらの変遷《へんせん》は家の教会や小グループにも少なからず影響を与えています。幾世紀も後にジョン・ウェスレーはこれらの変遷が進んでいることについて次のように述べています。「一世紀に始まった教会内での不法はコンスタンチン皇帝の洗礼によって頂点に達し、その影響は教会に向けられたさまざまな迫害よりも多くの悪が生み出された。そして教会と国家が非常に不可思議で不自然に融合した。……この融合はキリストの再臨まで決して解かれることがないだろう」[14]

教会の歴史から発生した教義の草の中から宗教改革の種が産まれました。宗教改革者は、知らぬ間に教会内で教えられるようになった誤った教えの過ちを指摘して反対をしました。その一人であるマルチン・ルターは九五ヶ条の論題をウィッテンンベルグ大学の聖堂の扉に貼り付けました。彼とその他の改革者は聖書のみが信仰の権威であり、そこに戻ろうと呼びかけたのです。ルターは、バプテスマ、イエス・キリストの恵みによる救い、仲保者なるキリストなどの神学的な課題を扱い、セブンスデー・アドベンチストは、安息日、死の状態、聖所などの神学に必要な教義を加えました。ここで強調したいのは、一般信徒の伝道への参加と、小グループの大切さです。

コンスタンチンがキリスト教を正式にローマ帝国の宗教として認めると（三一三年）、教会の神学に変化が見られるようになってきました。先に学んだように初期のクリスチャンは教会を建てることが禁じられていたので、個人宅に集まっていました。使徒や弟子たち（現在の牧師）の主な役割は福音を広め、多くの教会を建て、巡回して説教し、教えることでした。長老は教会全体をまとめ、伝道活動を行うために選ばれました。長老と執事は教会員の基本的な必要を充たす助けをしました。集会は家で持たれ、数人から百人以上が集いました。聖書は家の教会について記述しており、弟子たちが家から家を巡ったことが伺い知れます。教会の働きは長老、執事、一般信徒が担っていたのです。牧師はその全体を監督する伝道者及び管理者でした。

コンスタンチンの許可による公衆のための教会建築、公の礼拝には長所と短所がありました。新しく建てられた教会に人々が週一回集まってきました。牧師や司祭は人々を礼拝に向かわせました。牧師は人々の霊的な必要を満たそうとしました。ある人々は公同的な礼拝に参加するだけで信徒としての義務を果たしたと考えました。そのために教会の伝道の働きは教会建築が認められる前よりも衰えていきました。それだからといって教会建築を否定するわけではありません。ただその影響について述べているのであり、教会指導者たちが信徒を伝道に向けさせる働きを十分にしなかったのです。この時代以来、教会はそれまでと同じではなくなったのです。

アドベンチストの教会生活と初代教会の伝道の実例

初期のアドベンチスト教会は初代教会と同様の方法を用いました。C・M・マックスウェルはアドベンチストの伝道者G・B・スターが伝道集会中に新聞のインタビューに応じたことを取り上げています。このインタビューから初期のアドベンチストの伝道方法が読み取れます。記者は、「なぜアドベンチストはそれほど急激に成長しているのか？」と質問し、スターはそれに答えて、「私たちには一箇所に留まっている牧師はいない。教会員は自分たちで教会の面倒を見るように教えられており、牧師たちは新しい開拓地を目指して働いている。冬になると、教会、学校、公民館などで伝道を行い信徒を育てる。夏になるとテントを張って人々を集めて聖書を教える。今年は百以上のテントを用いた。その他に多くの文書伝道者を地方に派遣している。昨年はそのために一二五人を雇った。聖書の読み聞かせも大切な働きである。彼らは家々を訪れて聖書を読み聞かせるため、一箇所に数人から二〇人以上の人々は集まる。昨年は千回もの聖書読み聞かせを行った。同時に私たちは約三〇〇人の戸別訪問員が全国を廻って伝道している。その上に各教会に伝道部があり、昨年はそこに一万五〇〇人が参加し、全員が大なり小なりに文書伝道、トラクト配布、訪問伝道などを行った。昨年、彼らは一〇万二〇〇〇回の訪問、四万通の手紙、三万八七〇〇件の教会刊行物への注文、一五五〇万ページもの読物配布、一六〇万冊の雑誌を配った」[15]

アドベンチスト教会が成長したのは不思議ではありません。私たちは全く同じ方法を用いないかもしれませんが、参加し、信徒を励ますという基本は変わりません。エレン・ホワイトは次のように書いています。「一人ひとりに働きが割り当てられていて、だれも他人の代わりをすることはできない」[16]

一九一二年三月に世界総会総理A・G・ダニエルズは次のように述べています。「私たちは牧師を一箇所に固定しない。大きな教会には牧師を置いたが、私たちはいつでも外部に向けての伝道に出る準備をし、教会員は自分の教会を牧師なしに管理、運営できるように備える。私は教会がこれらのことを決して止めないように心から願っている。もし私たちがこの働きを止め、彼らが一箇所に留まるようになれば、彼らの考え方、祈り、そして教会の働きは弱まり、霊的な生活は失われて麻痺《まひ》し、働きは時代遅れになって後退する」[17]

「麻痺《まひ》」「時代遅れ」、これらの言葉はエゼキエルが書いた「谷の上の枯れた骨」を思い出させます。伝道活動をしない教会は死んでいるか、死につつあります。牧師や役員だけに伝道を押し付ける教会は神の御心との調和を失っています。

セブンスデー・アドベンチストである私たちは、ふさわしくない行いによって安息日を穢《けが》すことはしませんが、ある人々はサタンの罠《わな》に陥り、神の御計画である福音を世界に広める働きに関心を持ちません。神のご計画は全てのクリスチャンが伝道の働きに加わることです。聖書は、「御言葉を宣べ伝えなさい。折が良くても悪くても励みなさい。とがめ、戒め、励ましなさい。忍耐強く、十分に教えるのです」（二テモテ四ノ二）と教えています。

エレン・ホワイトはアドベンチスト教会が最初の六〇年間に何を基礎とし、どのような方法で成長したかについて、以下のように述べています。

「教会が組織された時はすぐ、牧師が教会員たちを働かせるようにしなさい。彼らは伝道して成功する方法を教えてもらう必要がある。牧師は、説教するよりも多くの時間を、教育することに費やすようにしなさい。牧師は人々に、自分たちが受けた知識を他の人に与える方法を教えるようにしなさい」[18]

「われわれの信者に与えることのできる最大の助けは、彼らに、神のために働き、牧師でなく神に頼るように教えることである。キリストが働かれたように働くことを学ばせなさい。彼の働き人たちの軍隊に加わり、彼のために忠実な奉仕をするようにさせなさい」[19]

「すべての教会員が、この時代に与えられた、人の心を高め、尊くする大いなる真理を実際に生活するならば、明るく輝く光となるでしょう。神の民は、聖霊の与える能率をもって働かなければ、神を喜ばせることはできません」[20]

「イエスは、地上に新しく組織されたご自分の教会に、特に意義を持つようになる特別で重要な教訓を与えておられたのであった。彼らが望み祈る事柄に、合意がなければならない。惑わしに陥りやすいのは単に一人の人間の思想や精神の働きだけではなかったが、同じ目的に集中した何人かの熱心な願いをもって祈らなければならなかったのである」[21]

たしかに二一世紀の牧師の役割は以前よりも多岐にわたるようになりましたが、それでも教会を健康に維持するという役割は変わりません。社会の変化に伴い牧師の働きも変化が求められていますが、聖書的な基本は全て保ち続けなければなりません。どのようなときにも変わることのない牧師の役割とは、牧師は伝道の働きの中心的な役割を担うということです。牧師の聖書的賜物はとても大切な霊的賜物であると聖書は書いています。なぜでしょう？　牧師は真の羊飼いであるキリストに仕える羊飼いであり、神に仕える者となるように教会員を導く役割を持っているからです。

私たちは忙しさに紛れてキリストを必要としている人たちへの関心を失ってしまうことがあります。そして伝道の働きを牧師に任せきりにしてしまいます。什一さえささげれば、後は牧師が失われた人たちを訪ね、伝道をするはずだと勝手に考えてしまいます。そのような考え方は聖書的ではなく、変える必要があります。そうではなく次のように考えるべきです。神は私に仕事を与え、収入を得させて家族を養わせてくださっている。しかし私の最も大切な働きは伝道であり、お金は二の次であって、失われた人を第一にすべきである。だから仕事をおろそかにしても構わないと言っているわけではありません。それぞれが祈りのうちにここに与えられている霊の賜物に従って歩まねばならないのです。

歴史からの学び

アドベンチストの歴史を学ぶと、初期の頃は全ての教会員が意識して伝道に関わり、指導者や牧師は教会員を伝道に備えさせ、全ての者がイエスについて語れるように助けていました。このようにして教会員は隣人や近隣の人と一対一、グループなどで関わり、キリストを中心とした聖書研究に招き入れることを目標として働きました。

一コリント一二章、エフェソ四章の「霊の賜物」の教えに従って私たちは働きをすることができるのです。二一世紀の私たちは初期の頃とは違う方法を用いなければならないかもしれません。しかしクリスチャンとして、友人、隣人、知人にイエス・キリストを伝えることは伝道の中心であり、時代を超えても変わることはありません。

そのために同じ目的、興味を持つ人々にくつろげる場所を提供し、友好を深め、聖書について分かち合う以上に良い方法があるでしょうか？　二〇〇〇年前にキリストがこの世に来られたのは神のご計画であり、キリストが来られた目的は今も変わりません。現在の私たちがこの神のご計画を遂行するために何をなすべきでしょうか？　この質問にあなたは何と答えますか？

第16章　アドベンチスト教会と小グループ

一八四〇年代のミラー運動に多くの宗派から信徒が集まり、その中からセブンスデー・アドベンチスト教会が成長しました。その宗派の一つがメソジスト教会です。エレン・ホワイトは一八四二年にメソジスト教会でバプテスマを受けましたが、そのときのことを書き残しています。「その日は風の強い日であった。十二人の者がバプテスマを受けるために海に入った。波は荒れていたが、私の心は平和に満ちていた。水から上がる時に私自身の力はなくなり、ただキリストの力により頼むだけであった。私は水の墓から出て新しい命に入った。その日の午後に私は正式な教会員として受け入れられた」[1]

エレン・ホワイトはメソジスト教会員になると「クラス・ミーティング」[2]に参加するようになりました。クラス・ミーティングはイギリスのメソジスト教会で始まり、後に毎週の祈りの組となってアドベンチスト教会を含む多くのキリスト教会に広がりました。この背景を知るために、一九世紀の英国と、メソジスト教会を始めたジョン・ウェスレーの伝道を復習してみましょう。

宗教革命の後、キリスト教は進展を続けましたが、やがて教会制度の堅苦しさが戻ってきてしまいました。そのために家の集会は縮小し、キリスト教の影響力は一八世紀の産業革命に押されるようにして薄れてしまいました。そのようなときに神はジョン・ウェスレーとジョージ・ホワイトフィールドを用いて英国に霊的な改革を起こされたのです。

二人は国中を巡って神に立ち返るように呼びかけました。そうやって人々が導かれると、そこに集まりを組織しました。家を借りてそこに集い、祈り、聖書を学び、交わりと礼拝を持ったのです。[3]

ところがブリストルで、借家の家賃を支払うためのお金をどのように集めるかという問題が起きたのです。そこでウェスレーは集まっている人たちを十二のグループに分け、各グループのリーダーに毎週一ペニーを集めさせて、それを家賃にするようにしました。リーダーたちはペニーを集めるとウェスレーのところに持っていくのですが、その機会にメンバーたちの各グループの問題を報告し、相談するようになったのです。

しばらくすると、各グループはメンバーの家に集まり、お互いを啓蒙するために話し合う機会を持つようになりました。[4] そうすることによってメンバーの品性及び霊性は驚くほどの成長を見せました。ブリストルでのこのような出来事はロンドンにまで伝わり、ロンドンでも同様の集まりが持たれるようになったのです。短期間にロンドンの集まりも十二のグループに分けるようになりました。この単純な方法がやがてメソジストのクラス・ミーティングとなったのです。

これらのグループは聖書の学び、祈り、証し、そして交わりを提供しました。ウェスレーの運動はこのグループの成長と共に花開きました。このリバイバルは雇われた聖職者ではなく、一般の信徒によって起こされ、やがて英国全土の家々で聖書が開かれるようになったのです。

ウェスレー運動（メソジスト）はやがて大西洋を渡り、教会が建てられ、クラス・ミーティングの集いが米国でもメソジスト教会の成長の基礎となっています。[5]

メソジスト教会の小グループ運動はエレン・ホワイトを通してセブンスデー・アドベンチスト教会にも影響を与えています。彼女が若い頃にミラー運動に参加し、やがてセブンスデー・アドベンチスト教会設立に関わるようになりました。若い頃の経験から、彼女は小グループ伝道の霊的な恩恵を認めることができたのです。その結果として、彼女は神の啓示に導かれて次のように書いています。

「説教を減らし、家族や小さい組と一緒に聖書を読み、祈ることによって教育しなさい。キリストと共に働く者は、炉端でもどこでも人に近づくようにしなさい。そして聖書をとって偉大な真理を開きなさい。あなたの成功はあなたの知識や才能によるのではない。社交的であったり、人々に近づくことの方が講演などよりも人々の考えの流れを変えることができる。家族や家庭の暖炉の周りで、小さな集まりに聖書の話をする方が、説教などよりはるかに魂をイエスに引きつけることができる」[6]

「聖書を学ぶために、小さい集団が、夕方、正午、あるいは早朝に集まりなさい。聖霊によって力づけられ、啓発され、清められるために、祈りの時間を持ちなさい。キリストは、すべての……心のうちに、この働きがなされるように望んでおられるのである。それを受けるために、あなたが自分で戸を開くならば、大きな祝福があなたを訪れるであろう。神のみ使いたちは、あなたがたの集まりに臨み、あなたは命の木の葉を食して養われる。神の祝福を求めるこれらの尊い時間に、あなたの同労者たちと知り合った愛のよしみについて、どんな証しをあなたは立てられるであろう。各自が自分の体験を単純な言葉で話しなさい。……キリストはあなたの心の中にお入りになる。この方法によってのみ、あなたは、あなたの高潔さを保つことができるのである」7

エレン・ホワイトは別の機会にも小グループの影響について経験する機会がありました。一八九一年から一九〇〇年の間、彼女はオーストラリアに滞在し、セブンスデー・アドベンチスト教会の発展を助け、特にアボンデール大学の設置に寄与し、『各時代の希望』と『キリストへの道』を執筆しています。

神はその他の理由のためにも彼女をオーストラリアに送られたのです。それは彼女がすでに小グループの力について経験していたので、神は小グループによる改革を起こすためでした。この機会と経験は小グループ伝道の霊的な力を彼女の心に強く焼きつけられました。

一八九〇年代のオーストラリアは「ウェールズ・リバイバル」として知られている改革の影響を受けていました。メルボルンを中心に聖職者たちが信徒や仲間の霊的な健康のために集まって、祈りの場を持っていました。牧師たちは力を得て、信徒の霊性のためにできる最善の方法として聖書の学び、祈り、交わりのために小さいグループを組織することにしたのです。その結果として、多いときで毎週二〇〇〇軒もの家で集まりが持たれるようになりました。メルボルンの牧師たちは小グループの働きを強化するためにアメリカからR・A・トーレーを招いて講演会を持ち、その結果素晴らしいリバイバルが起きました。ちょうどその時にウェールズから訪れていた一人の若い女性がそのリバイバルに引き込まれ、彼女はその経験をウェールズに持ち帰り、家での祈りの集いを始め、それが「ウェールズ・リバイバル」に貢献してウェールズのキリスト教の成長に多大な影響を及ぼしました。[8]

同時期に神はエレン・ホワイトに小グループ伝道の重要性を示されたので、以下のように記しています。

「小さい組をつくって出て行きなさい。彼らは伝道者として働き、会う人々に印刷物をまき散らし、真理を語らねばならない。病人のために祈り、薬でなく自然の治療法で彼らの要求を満たし、健康を回復し、病気を避ける方法を教えねばならない」[9]

「特に例年のキャンプ・ミーティングにおいて、この重要な働きを賢明に利用することを学ばねばならない。しんぼう強く、熱心に、選ばれた働き人たちは、未信者に親切な態度で接する方法や、現代の真理が明瞭に力強く書かれている文書を、人々の手に渡す方法を信者に指導しなければならない」[10]

「われわれの学校の教師たちは、日曜日を伝道集会に当てよう。彼らはこうして、敵の目的をくじくことができるということを私は示された。教師は生徒に手伝わせて、真理を知らない人々のための集会を開こう。こうして彼らは、他の方法でなせる以上のことを成し遂げるようになる」[11]

「夜のまぼろしの中で、神の民の間における一大改革運動が私に示された。多くの者が神を賛美していた。病人はいやされ、その他の奇跡が行われた。……幾百幾千の者が家庭を訪れて、人々の前に神のみ言葉を開いているのが見られた。心は聖霊の力によって罪をさとり、真の悔い改めの精神が明らかに見られた。真理の宣伝に対して四方の門戸が開かれた。世は天の力に照らされているように見えた。真実で謙遜な神の民は、大きな祝福を受けた」[12]

「わたしは、聖徒たちが都会や村を去り、互いに共同して団体をつくり、人里離れた場所に生活するのを示された。悪人たちが飢えと渇きに苦しんでいる時に、天使たちは聖徒たちに食物と水を与えた」[13]

エレン・ホワイトは「小さい組」などの言葉を用いていますが、今の私たちは「小グループ」と呼んでいます。彼女の勧告について考えてみてください。

1　神は彼女に、大きい教会は小グループを持つように語った。
2　小グループは通常、個人宅で集まる。
3　小グループは暖炉を囲んで集まる。
4　小グループはメンバーのスケジュールに合わせて、夜または朝に集まる。
5　集まりの目的は、バプテスマを受けた教会員を助けて魂をイエスに結びつけ、未信者を導く。

6　集まりでメンバーは次のことを行う。聖書を開いて学ぶ、キリストを伝える、祈り、交わりを通してお互いの関係を深める、証しを分かち合う。

エレン・ホワイトの書いたことは使徒言行録二ノ四二～四七の教えを密接に反映しています。

アドベンチストの集いの型

エレン・ホワイトはアドベンチスト教会のさまざまな種類の集まりに幾つかの用語を用いています。時代とともに用語は変わってきましたが、原理原則は変わりません。

1　コテージ（小家屋）の集まり

週日に集まる小グループで、聖書の学び、祈り、交わり、証しの分かち合いを行う。最も強調されているのが聖書の学びである。通常グループは個人宅に集まる。このグループは教会員、未信者の双方に手を差し伸べる。「小さい組」「小さい集まり」などの名称でも呼ばれる。

2　聖書の読み会

C・M・マックスウェルによれば、カリフォルニアのキャンプ・ミーティングが嵐に襲われたのが、アドベンチスト教会で聖書の読み会が最初に持たれた理由だそうだ。強風で説教が聞き取りづらくなったときにある人が聖書を開き、教義についての質疑応答が始まった。会衆はその質問と回答の聖句を開いて読んだ。それが広まって、信徒たちに好きな聖句は何かを知らせるように呼びかけるようになった。一八八八年にそれらが編集されて『家庭での聖書朗読』として出版された。

聖書の読み会はセミナーやワークショップと類似している。エレン・ホワイトは教会員による聖書の読み会を小グループとは少々違うものとして捉えている。しかし小グループと聖書の読み会が同時に行われることもある。個人宅が小グループに用いられ、同時にそこで聖書講座シリーズがもたれた。現在であれば、家で黙示録講座を持つようなものである。

G・B・スターは「聖書の読み会を主催する者が各家を訪問した。そこには数人から二〇人程度の人が集まり、昨年だけで一万回にのぼるような集まりを行った」[14]と述べている。聖書の読み会はほんの少人数から、その家に入れるだけの人数が集まることもあった。

3　親睦の集まり[15]

一九世紀半ばにメソジストの「クラス・ミーティング」が毎週の祈りの会に変わり、その意味も少々変わってきた。親睦の集まりは説教の後、週の半ば、そしてしばしば土曜日に持たれ、信徒が説教から受けた恵み、聖書の学びから受けた恵みなどを分かち合ったりする。初期のアドベンチスト教会には牧師がいないことが多く、親睦の集まりが礼拝の代わりとなっていたこともあり、安息日学校の後の時間に持たれていた。

親睦の集まりには、祈り、証し、互いの励まし合い、賛美、そして交わりが含まれていた。これは現在の私たちが「賛美と祈りと証しによる礼拝」と称するものとほぼ同じであるが、違いは人数である。会衆の人数が多くなると、皆が参加できるようにグループを分けていた。

アドベンチストの先駆者であるジェームズ・ホワイトは親睦の集まりの持つ効果について述べている。「親睦の集まりには厳粛さという特徴があった。罪を涙と共に告白し、神の前に身を投げ出して赦しを乞い、主の再臨にふさわしい者となるように願う。謙虚な弟子は主の顔に泥を塗ることを望まない。集いを閉じる前に多くの者が涙ながらに主を探し求めて見いだした喜びと、罪の赦しによって味わった平安について証しをした」[16]

ある親睦の集まりでは五三分の間に一一七名が時にかなった証しをした。[17] 当時の教会機関誌によれば、伝道における親睦の集まりは教会生活の重要な部分で、ある人たちはそれに参加するのが義務だとも言ってた。親睦の集まりは祈りと証しを通して共同体を作るために必要な時間を提供した。エレン・ホワイトは、「教会は親睦の集いを持つことが必要であり、若い牧師にはその集まりをどう導くかを教えるべきである」[18] と述べている。一八八二年にエレン・ホワイトは親睦の集まりを次のように描写している。

「祈りと親睦の集まりは特別な意味のある集まりにしなければならない。集まりを始める前に神の知恵を求めながら、どのように人々を惹きつけて興味を持たせるか計画しなさい。人々は命のパンに飢えている。もし祈りの集まりにそれが見いだされるなら、人々はそれを得るために参加するだろう。特に長舌でまとまりのない話や祈りはその集まりにふさわしくない。それを聞いている天使たちと集まっている人々を疲れさせるだけである。私たちの祈りは短く、要点を明確にすべきである。神の霊が礼拝参加者の心を満たすときにすべての形式や退屈さは吹き飛ばされる」[19]

アドベンチスト教会の当初の親睦の集いは祈りと賛美と証しだったが、徐々に祈りの集いに発展し、牧師の説教に対する証しとそれに続く祈りの時間へと変化した。今日では祈りの集いを持たない教会もあり、持ったとしてもほんの数人しか参加しない。私たちはお互いの関係を深める当初の型に戻るべきではないだろうか。過去に持たれた祈りの会合は親睦の集いの性格を反映している。

4　キャンプ・ミーティング／野外のミーティング

アドベンチストにとっての優先事項は人々をキリストと聖書の真理に導くことである。初期のアドベンチストはあらゆる機会にそのことを説教してきた。しかし人々を集める場所を借りる財源が足りない場合、外でそのような集まりを持つようになった。例えば一八五四年にミシガンで持たれた伝道集会では、「彼らが用意した学校の建物では集まった人々の半分も収用することができなかったので窓を全て開け放ち、話す人は窓辺に立って外と中にいる人たちに同時に話した」。[20]ときには農場や町の中央広場に集まることもあった。

一八〇〇年代半ばのアメリカ西部では人々の集まりにテントを使うのは目新しいことだったので、テントを張るだけで人々を引きつけた。アドベンチスト教会は一八六八年、ミシガンで最初に天幕集会を持ち、人々はテントの中と外に座った。「初期のキャンプ・ミーティングは信徒に霊的祝福を与えるためだけではなく、一般市民への伝道としても計画され、そのために毎年キャンプ・ミーティングは場所を変えて開催され、特に夜と日曜に説教が行われた。このような計画は一九〇〇年代後半までエレン・ホワイトに支持されていた」[21]

5　安息日礼拝

安息日礼拝はアドベンチストにとって生命線である。この集まりには安息日学校、聖書の学び、祈り、交わり、アウトリーチ、指導者としての学びが含まれる。

6　個人訪問

今日の用語に置き換えると、「友情関係の伝道」となるだろう。重要なのは、求道者、隣人、同僚などと社会的な関係を築き、彼らの必要に応え、聖書を通してイエスを紹介し、主との個人的な関係へと導くことである。

7　個人的祈りと聖書の学び

聖書によれば、イエスは祈りに多くの時間を割いている。もしクリスチャンとして霊的成長と効果的な伝道を望むなら、日々神と過ごす時間を持つべきである。

教会は上記の七つの型を取り入れるなら、対外伝道と内部に向けた伝道がバランス良く行われるようになり、聖霊が伝道に力を注いでくださいます。そうするなら聖霊がメンバーの上に働くだけではなく、神のご計画に従う生き方に変えてくださいます。エレン・ホワイトは次のように述べています。「神に献身して、全ての計画を彼にお任せし、摂理のままに実行するなり、中止するなりするのです。こうして、日ごとに生涯を神のみ手に委ねるとき、次第にあなたの生涯がキリストの生涯に似てくるのです」[22]

知り合いの牧師は教会でバプテスマ数と小グループが増えることを喜んでいました。それまで彼は新しいグループが始まるときには励まし続けなければなりませんでしたが、今は信徒たちが小グループの効果を肌で感じるようになっています。ある集会の後に一人の信徒が、「私たちは新しいメンバーと小グループに関心を持たなければならない。この教会にはグループが少な過ぎる。少なくともあと三つのグループが必要だ」と言ってきました。他の信徒は牧師の指導のもとにグループを組織し、教会の必要に応えるまでに成長させました。その牧師は、信徒たちが自主的に働くのを見るのが嬉しいと喜んでいました。それまで教会員を育て、備えてきた労苦が報われたのです。

第17章　サラはひそかに笑った

私は創世記一八章一二節のサラが笑った物語を何回も読んできましたが、再びその物語が気になりました。サラは神のご計画を密かに笑っています。創世記一七章と一八章を読み返してみると、現在の神の教会はアブラハムとサラの物語から学ぶことがあります。

アブラハムの父テラは二〇五歳まで生きました（創世記一一ノ三二）。アブラハムが神から荷物をまとめてカナンに行くように命じられたのは七五歳のときですが、父親の年齢で考えるならまだ若いと言えるでしょう。それから二四年ほど後の（同一七ノ一）彼が九九歳のときに、神はアブラハムと交わした契約はまだ有効であると明言されました。その契約とは、彼に子どもを与えて多くの国民の父とする、というものです。

アブラハムは神に向かって笑いながら、「神様、本気ですか？　私はもう九九歳、妻のサラは九〇歳で、子どもを授かる年齢はとっくに過ぎているんですよ！」と言っている光景が目に浮かぶようです。

しかし神はアブラハムの言葉を遮《さえぎ》り、ほほ笑みながら、「わたしは本気だよ。わたしにとって不可能はない。わたしは今まで約束の実行を待っていたんだ。なぜならこれは神の業であって、人の力によるのではないことをあなたが知るためだよ。あなたにとっての奇跡かもしれないが、全てを可能にするのがわたしなのだよ」と言ったことでしょう（同一七ノ一五～二二参照）。

それから少し後に三人の旅人がアブラハムのテントの所にやってきました。当時の習慣に従って訪問者が来たときに、サラは幕の後ろに隠れていました。女性は訪問者の前に自由に出ることは許されていなかったのです。そこで彼らの会話を聞くために幕の後ろに隠れていたのです。ところが訪問者がサラの名前を知っていたのです。聖書は簡単に、「サラはひそかに笑った」と記しています（同一八ノ一二）。サラは声を出さずに、もしくは聞こえないほどの声で笑ったはずなのに、神には聞こえていたのです。彼女は恐ろしくなって笑ったことを一生懸命に否定しています（同一八ノ一三～一五）。

サラは神を笑ったのではなく、子を産むことが不可能だと知っていたので笑ったのです。彼女は神の約束を信じていたことでしょう。しかし自分が子を産むというのは別だと考えていたのです。

私たちはサラを笑うことはできません。私たちも神を笑ってしまうことがあります。私たちは歳を重ねるごとに教会の若者の考え方や行動を冷ややかに見てしまいがちです。今までやってきた流れに身をまかせる方が楽だし、歳とともに変化を望まなくなり、若い頃の夢が薄れがちです。イエスの再臨への備えに必要な信仰、希望、幻、夢などが人間的な事柄、慣習、予算、地位、政策などに置き換えられてしまいます。

しかし神は常に残りの民を持っておられ、彼らはどのような時にも、人々が不可能だと言っても神を信じ従うカレブとヨシュアのような人がいます。どの時代にもカレブとヨシュアがいます。どの時代にもアブラハムとサラのように、神のご計画を不可能だと密かに笑う人がいます。しかしそれでも信仰によって前進する者だけが目標を達成することができるのです。「武力によらず、権力によらず／ただわが霊によって、と万軍の主は言われる」（ゼカリヤ四ノ六）。

初期キリスト教の時代、人々はイエス、ペトロ、パウロ、ヨハネを嘲笑《ちょうしょう》したことでしょう。ルター、ウェスレー、ツウィングリーなども異端者として嘲笑され、教会にとって目の上のコブと思われたことでしょう。教会指導者たちは彼らを排除すれば教会は正常に戻ると考え、教会会議で彼らを非難して軍隊を送りました。しかしそれらは彼らにとって障害とならず、神のための改革は進められ、やがて大きなうねりとなりました。

話を戻しますが、年老いたサラに子を持つことは可能なのでしょうか？　少なくとも神は不可能だとは考えておられませんでした。神は挑戦し、傷ついている私たちや教会をご覧になっておられます。神はそのような私たちに、教会を信じて新しい命、新しい魂を招き入れようとしておられます。

クリスチャンと呼ばれる人々はリバイバル、霊の戦い、新しい希望、献身という言葉を聞くと、密かに笑っています。そして時間が過ぎれば言葉は薄れ、何となく落ち着いてしまうと考えがちです。

しかし神は違います。神はアブラハムとサラの懸念をご存じでした。神はユーモアをお持ちなので、サラの約束の息子にイサク――笑いという名前を与えました（創世記二一ノ六）。この笑いは否定的ではなく喜びの笑いです。神の約束を信じて実現化している新しい時代が生まれるところに喜びがあります。

アブラハムは信仰の人であるだけでなく、神の友でした。何もしなければ失われてしまう人々への愛情も持っていました。彼はソドムとゴモラが滅ぼされようとするときに必死にとりなしをしています(同一八ノ一六~三三)。

神はアブラハムと同じ情熱と信仰があなたの人生を織りなすように望んでおられます。アブラハムのように罪を憎み、しかし罪人への憐れみと愛を持たなければなりません。あなたの周りの多くの人々は失望し、迷路に迷い込んでいます。神の教会に属する私たちはそのような人々にキリストを示し、希望と喜び、永遠の命の約束を得る弟子へと招く任務が与えられています。

小グループはその働きを遂行するために神の教会に与えられた力強い方法です。小グループはこれまで見てきたように、神から与えられた聖書に基づいた方法を具現化するものです。友情、支え合い、聖書の学び、祈り、働き人として備え、イエス・キリストを伝える働きを実際に行うのが小グループです。

論じ合うのはここまでにしましょう。あなたの小グループを始める時です! さあ、一歩足を踏み出しましょう!

まとめ

小グループを始める前にこの本を通して読むことをお勧めしましが、すでに小グループの経験がある、なんらかの理由で早急に小グループを始めたい、というのであればこの「まとめ」が役に立つでしょう。

小グループとは何でしょう？

小グループとは三人から十二人の人たちが意図的に顔と顔を合わせて集うグループです。集まりは定期的に持たれ、特定の目的を持って関係を築き、霊的な成長を求め、そして人々がイエス・キリストを自分の救い主として受け入れられるように導く計画をして実行します。

第一ステップ　小グループを組織する

グループ・リーダーチームには三段階あります。リーダー、アシスト・リーダー、ホスト。

小グループ・リーダーはグループを目的達成のために備え、励ましてゴールへの到達に導くために選ばれます。リーダーはグループによるディスカッションの司会を行い、メンバー同士の関係を築く助けをします。その働きはリーダーとしての権威や情報提供などよりも重要です。

リーダーは……

＊リーダーシップ訓練セミナーに参加し、さらに書籍などから必要な学びをする。可能ならリーダーになる前に小グループのアシスタントを経験する。

＊毎週の集まりを準備する。

＊毎週の集まり以外でもグループ全体を把握する。

＊参加者が分かち合い、受け入れ合い、理解し合えるようにリーダー自ら模範を示す。

＊グループとしての決まり事、目標を定め、目標達成に導く。

＊集まりへの欠席者を把握し、その人の欠席理由を把握して必要な励ましや助けを行う。

＊グループについてアシスタントやホストと意見交換を行う。

＊グループに前向きな活力を得るために必要な援助を求める。

＊リーダー会議に必ず出席する。

アシスタント・リーダーは……

＊集まりのための場所、家を用意する。

＊部屋の椅子を用意し、室温の調整、軽食（グループとして出すように決めているなら）の準備をする。

聖書（必要なら余分に）、メモ用紙、学びのガイド、筆記具などを用意しておく。
＊メンバーが来たら入口で迎え入れる。
＊会場（家）までの行き方、会場内（家の中）の洗面所、電話、水飲み場などの場所を教える。
＊集会の気を散らすような呼び鈴、子どもやペット、電話などに注意を払う。

第二ステップ　場所を選ぶ

グループの集まる場所を決めるのはグループの成功を左右します。寒すぎる、暑すぎる部屋、雑音が多い場所などはメンバーの気持ちを削《そ》いでしまいます。慎重に場所を探しましょう。

綿密な計画とは……

＊リビングルームやテーブルを囲むダイニングなどは快適な空間を提供しやすい。もしオフィスなどのような場所ならば、部屋の奥まったところ、会議室もしくはプライバシーが確保できる場所を選ぶ。
＊適度な照明は学びに必要であり、同時に明るく温かい雰囲気をかもす。
＊なるべく皆の顔が見えるように椅子を円形に配置する。
＊なるべく邪魔の入らない場所を選ぶ。子ども、ペット、テレビなどは皆の学びを阻害する。
＊必要なら交代で子どもの面倒を見る。

第三ステップ　学びの資料を選ぶ

グループの形に従って資料を選びます。アドベンチスト・ブックストア（米国）やその他のキリスト教書店で見つけることができます。（日本で翻訳が出ているかは不明）

＊Peace Is an Inside Job (felt needs), Review and Herald, 1995.
＊Prayer Works (prayer), Review and Herald, 1993, 2001.
＊Life Line, book 1 and 2 Bible doctrines) Review and Herald, 1995.
＊Face to Face With Jesus (the life of Jesus), Review and Herald, 7998.
＊Focus on Prophecy (studies on Danies and Revelatio), Voice of Prophecy, 2000.

第四ステップ　人々をグループに招く

小グループ成功の鍵は個人的に人々を招くことです。隣人、友人、仕事仲間、行きつけの店員……。個人的に直接招くのがいちばん良いのですが、手紙、電話、招待状などの方法もあります。別の方法として、チラシなどを作って配ることもできます。家の前庭にポスターを掲げることもできます。招待するときにはあまり形式ばらないようにしましょう。

例えば……

「スーさん、今度の火曜に私の家で集まりがあるの。一度試しに来てみない？　今は数名で集まってイエス様の生涯について勉強しているの。その他にも日々の生活に役立つ学びや分かち合いもしているから、あなたがグループに参加してくれたら嬉しいけど、よかったら考えてみてね。もし都合が合わなければ無理しないでね」。そして個人的な招待状を手渡します。

第五ステップ　最初の集会

最初の集会の前に、リーダーのあなたと、アシスタント、ホスト（もしいれば）で集まり、部屋やその他の準備ができているかを確認し、一緒に祈りましょう。

基本的な準備は……

*集会が夜であれば玄関のライトを点灯する。
*玄関ドアに集会のポスターを貼る。
*必要な数の椅子を揃える。
*十分な数の学びの資料、ガイドと筆記具を用意する。
*聖書を用意する。（万が一に備えて予備の聖書も）

特に最初は参加者がくつろげるように準備することが大切です。

第六ステップ　あなたの小グループの課題／小グループで取り扱うべき事柄

私たちの小グループの課題は使徒言行録二章四一節から四七節に提起されています。その中でクリスチャンは共同体として一緒に分かち合い、祈り、教義を守り、伝道を行い、パンを割き、人々を助けました。これらを小グループに必要な課題としてまとめるなら、分かち合い、聖書の学び、祈りとなります。伝道はグループの中で、そして週日の間にも行われます。

分かち合いの時間　前回の集まりからの各メンバーの体験や経験を分かち合う時間を持ちましょう。さらに週日の間に思い浮かんだ質問などを一緒に考え、お互いをより良く知る時間としましょう。「あなたの趣味は?」「どこで生まれて、どこで幼少期を過ごしましたか?」などの質問で打ち解けるのも良いでしょう。

聖書の学びの時間　リーダーは聖書の学びのガイド、資料を用いてグループ・ディスカッションを導きます。

祈りの時間　メンバーに祈りのリクエストがあるか尋ねましょう。空席になっているところに新しいメンバーが与えられるように祈り、メンバーに友だちなどを招くように励ましましょう。

集会の終わりに、集まったメンバーに来てくれたお礼を言い、次回も来るように勧めましょう。もし欠席する場合は前もってリーダーに連絡するように念を押しましょう。そうすればその人が来るのを待たずに集会を始めることができます。

第七ステップ　グループ・メンバーの毎回参加を促す

*メンバーが参加してくれていることに謝意を伝える。
*メンバーに電話をして、集まりに参加するように促す。
*個々のメンバーと親しくなる。時々、一緒に食事や散歩などをする。
*ピクニックなどの楽しみを計画する。

第八ステップ　小グループ・リーダーとしての準備

毎日の祈り、聖書の学び、暗唱聖句のための時間をとりましょう。神に仕え、聖霊によってあなたが変えられなければ伝道は成功しません。祈りと神の力はあなたの人生、日々の歩み、小グループの経験に欠かすことのできない力の源です。

12 Ibid., pp. 198-202
13 Michael Green, Evangelism in the Early Church, p. 208.
14 Quoted by William Beckham, "The Two-winged Churc Will Fly," Seminar Nntebook(1996), p.18.
15 Quoted in Russell Burrill, Revolution in the Church, p.39.
16 『クリスチャンの奉仕』6ページ（『希望への光――クリスチャン生活編』899ページ）
17 Quoted in Burrill, p.41.
18 『教会への証』第7巻20ページ、英文
19 『教会への証』第7巻19ページ、英文
20 『教会への証』第7巻18ページ、英文
21 『福音宣伝者』26ページ、英文

第16章

1 『エレン・G・ホワイト略伝』25ページ、英文
2 Ibid., p.43.
3 John Dillenberger and Claude Welch, Protestant Christianity, pp. 129-136
4 B. Waugh and T. Mason, The Works of the Reverend John Wesley, vol. p.12.
5 A. J. Wollen, Miracles Happen in Group Bible Study, p.36.
6 『福音宣伝者』193ページ、英文
7 『This Day wish Gad』11ページ、英文
8 Wollen, pp.36,37.
9 『教会への証』第9巻172ページ、英文
10 『教会への証』第9巻86、87ページ、英文
11 『教会への証』第9巻233ページ、英文
12 『教会への証』第9巻126ページ、英文
13 『初代文集』456ページ
14 G.B.Starr in Wabashi, Indiana, Plain Dealer, Oct, 1, 1886, p.5.
15 Russell Burrill, A Biblical and Adventists Historical Study of Small Groups as a Basis for Mission.
16 James White,Life Incidents,vol.1,pp.167,168.Here James White is speaking of social mettings during the Millerite movement.
17 J.N.Loughborough,Miracles in My Life,p.88.
18 『サインズ・オブ・ザ・タイムズ』1883年3月17日版、英文
19 『レビュー・アンド・ヘラルド』1882年10月10日版、英文
20 Arthur W.Spalding,Origin and History of Seventh-day Adventist,vol.2,p.7.
21 Ibid.,pp.17,19.
22 『キリストへの道』104ページ、2008年改訂文庫判（『希望への光』1958,1959ページ）

（注）脚注に挙げられた出典書籍などで邦訳されていないものは原文のまま表記した。

5 Kurt Johnson, The Effect of Leadership Behavior and Characteristics on Church Growth for Seventh-day Adventist Churches, pp.28,29.

第12章

1 John C. Maxwell, Developing the Leader Within You, p.170.
2 Edward Everett Hale, in Jeannie Ashley Bates Greenough, A Year of Beautiful Thoughts, June 11.
3 The Navigators, Twelve Steps to Leading Better Bible Studies, adapted and revised by Garrie F. Williams, pp.7,8.
4 『レビュー・アンド・ヘラルド』1896年8月25日号

第13章

1 John Maxwell, Developing the Leaders Around You, pp.1,2.
2 Bill Donahue and Greg Bowman, Coaching Life-changing Small Groups, p.30.
3 Bill Donahue, Leading Life-changing Small Groups, p.70.
4 Randall Neighbour, The Naked Truth About Small Group Ministry p.185.

第14章

1 A.G.Daniells, Ministerial retreat adderss, Los Angeles, California, March 1912. Quoted in Russell Burrill, The Life and Mission of the Local Church, pp.177,178.
2 George, I Butler, Assumption of Facts, "Replies to Elder Canright's Attacks on Seventh-day Adventist (Battle Creed, Mich.: Review and Herald. 1888 and 1895),p.24. Quoted in Russell Burrill, The Life and Mission of the Local Church, p. 172
3 『教会への証』第7巻19、20ページ、英文
4 『キリスト教教育の基礎』207ページ、英文

第15章

1 R.A. Staccioli, Roma Past and Present.
2 Philip Schaff, History of the Christian Church, vol. 1, 384.
3 Ibid., p.379.
4 Ibid., p.382
5 Ibid.
6 Ibid.
7 Ibid.
8 Albert J. Wollen, Miracles Happen in Group Bible Study, p.30.
9 Ibid.,p72
10 Schaff, vol. 2, p.71.
11 Ibid., p.72

第7章

1 Neal McBride,How to Lead Small Groups,p.104

第8章

1 David Livermore, the personal ministries director for the Upper Columbia Conference, Spokane, Washington, has used this method successfully.

2 *Peace Is Inside Job, Review and Herald Publishing Association, 1995
*Prayer Works, Review and Herald Publishing Association, 11993, 2001.
*Life Line, booklets 1 and 2, Review and Herald Publishing Association, 1995.
*Face to Face With Jesus, Review and Herald Publishing Association, 1996.
*Focus on Prophecy (studies in Daniel and Revelation), Voice of Prophecy, 2000.

第9章

1 『伝道』上巻140ページ

2 Lyle Schaller, Net Fax, Apr.1.1996, p.1. Quoted in Current in Thoughts and Trends, June 1996, p.3.

3 『伝道』上巻139ページ

4 『伝道』上巻140ページ

5 William Beckham, Where Are We Now?, pp.17, 18.

6 Seth Low and Pearl J. Spindler, "Child Care Arrangements of Working Mothers in the United States."

7 Teena Rose, Working Moms Carve Out Their Own Office Space.

8 Ibid.

9 Ibid.

10 Demographics of the U.S.: Trends and projections Report, "Households By Presence and Number of Children Under Age Eighteen, 1950 to 1998."

第10章

1 Data and resources for this chapter can be found Kurt Johnson's book Small Groups for the End Time.

2 Robert Lacy, Ford: The Men and the Machine, Story quoted by John C. MaxWell.

3 See John C. Maxwell, Developing the Leader Within You, pp. 50-52

第11章

1 "Theology, Principles, and Theory of Leadership and Church Growth" by Kurt Johnson

2 Henry and Richard Blackaby, Spiritual Leadership, pp.16,17.

3 John C. Maxwell, Developing the Leader Within You, pp.1-4.

4 Robert K. Greenleaf, Servant Leadership, p.10

～ 脚 注 ～

はじめに

1 『教会への証』第９巻82、83ページ、英文

2 『患難から栄光へ』上巻25ページ（『希望への光』1367ページ）

第１章

1 Oswald Chambers, My Utmost for His Highest, July 6.

2 William Beckham, The Second Reformation, p.23.

3 Ibid., p.21.

第２章

1 William Barclay, The Gospel of John, vol.2,pp.217,218.

2 See Bill Donahue and Russ Robinson, Building a Church of Small Groups.

第３章

1 『福音伝道者』214ページ、英文

2 Julie A, Gorman, "Close Encounters—The Real Thing," Christian Educational Journal 13, no.3.

第４章

＊参照：www.uncommon-knowledge.co.uk/touch/touch-1.html.

第５章

1 Gregory Lawson, in Christian Educational Journal 13,no. 3(Spring 1993): 67

2 Neal McBride, How to Lead Small Groups, p. 24.

3 Roberta Hestene, class lectures, Fuller Theological Seminary, 1986.

4 『教会への証』第７巻21、22ページ、英文

5 『ミニストリー・オブ・ヒーリング　2005』128、129ページ

6 Barna Group, one of the major sources of trends and statistics regarding religion and spiritualty in America.

7 Monte Sahlin, director of research and special projects for the Ohio Conference of Seventh-day Adventists, shared this suggestion, along with several other helpful insights for this section.

第６章

1 『伝道』上巻168ページ

著者　カート・ジョンソン
牧会学博士。預言の声国際ラジオ伝道の聖書学校責任者。小グループ伝道を推進し、訓練セミナーなどを世界各国で行っている。聖書研究ガイドをはじめ、多くの著作物もある。

訳者　根本愛一（ねもと　よしかず）
日本三育学院神学科卒業。米国カリフォルニア州ラ・シエラ大学音楽科卒業。同州ロマリンダ大学歯学部卒業。東京衛生病院附属クリニックの歯科医を経て、現在、セブンスデー・アドベンチスト教団総務部嘱託。同教団立川キリスト教会員。訳書に『最も祝福された21人の祈り』『聖書の中の100人の女性たち』（共に福音社）がある。

ひとりぼっちのいない教会
——見直したい小グループという器
原作　Successful Small Groups from theory to service

2015年12月25日　初版第1刷発行

著　　者　カート・ジョンソン
訳　　者　根本愛一
発 行 者　島田真澄
原作版発行　Review and Herald Publishing Association
発 行 所　福音社
〒190-0011　東京都立川市高松町3-21-4-202
Tel 042-526-7342　Fax 042-526-6066
印 刷 所　㈱平河工業社

ISBN978-4-89222-470-6